自遊 그리고 영구평화

# 自遊 그리고 영구 평화

성덕경 지음

문지사

## 책머리에

   본 책자는 2004년 5월 초 출판하려 했으나 관계 당국의 집요한
방해공작으로 출판을 하지 못했다. 그래서 비밀리 인쇄를 했는데, 지금 200여
권을 소장하고 있다(700권 인쇄).

   그런데 저자는 외적 원인(환각제, 전자충격기)에 의한 정신질환으로 인해
근 20여 년 넘게 투병생활을 해왔는데, 이 투병 과정에서 한 가지 얻은 것이
있었는 바, 그것은 다름 아니라 인간으로서 제발 폭력 좀 하지 말자는 것이다.

   그리하여 이 땅에 태어난 우리 나라는 물론 세계의 모든 인류 누구나가
폭력(전쟁 포함)의 공포로부터 완전히 해방되어 행복하고 평화로운
삶을 누리자는 것이다. 바로 이 정신을 담아낸 것이 저가가 창조 연구한
만유생성원리며 홍익인간의 自遊로서 비폭력을 마음대로 하는 自遊요, 군대를
해산하는 영원한 평화의 自遊다.

   그런데 우리가 '놀이'라는 말은 흔하게 들은 말이며, 누구나 다 부富의 생산
없는 놀이란 것을 잘 알고 있다. 그러나 自遊라는 이 말은 이 지구촌 어디에서도
아직 한번도 듣지도 보지도 못한 처음 접한 自遊이기 때문에 독자들은 누구나
다 생소할 뿐만 아니라 '놀이와 自遊' 그리고 '自由와 自遊'는 과연 무엇이
어떻게 다른 것인가 하고 여전히 궁금한 점이 많을 것이다.

   그래서 이번에 저자는 독자들의 이해를 돕고자 自遊와 시간성(自由와

自遊, 비교연구)이란 소론을 부록으로 첨부했다. 독자들은 소론을 먼저 읽기를 권한다. 그러면 필자가 말하는 自遊에 대한 이해가 빠를 것이다.

그런데 워낙 천학비재한 탓에 서투른 솜씨로 글을 써서 막상 이 세상에 없었던 새로운 自遊를 세상에 내놓는 보람보다는 오히려 두려움이 앞선다. 독자 여러분의 채찍이 있기를 바란다.

저자는 이 책을 먼저 어머니의 영전에 바칩니다. 그리고 자료수집에서부터 이 책이 나오기까지 주경야독하며 음으로 양으로 도와 준 우리 아들에게 고마움을 표한다. 또한 저자가 절망에서 헤어나지 못할 때 하늘이 무너져도 솟아날 구멍은 있다며 따뜻한 그 한 말씀은 저자에게 삶의 용기와 희망을 주셨는데, 그 숙부님을 평생 잊을 수가 없다. 아울러 주위에서 음으로 양으로 도와 준 모든 분들께 이 자리를 빌어 심심한 사의를 표한다.

끝으로 사장님과 직원들의 노고에 고마움을 표한다.


2018년 12월 일
自遊연구실에서
성 덕 경

## 제4부 – 미발간의 自遊의 도난

# 제1부

# 自遊와 영구평화

## 自遊*

| | |
|---|---|
| 아가야, | 童子也也 |
| 아침의 태양이 | 朝日之光 |
| 눈부시게 아름답다. | |
| | |
| 비단실 켜듯이 | 美繭如繹 |
| 푸른 꿈을 | 靑夢展乎 |
| 활짝 펴려무나 | |
| | |
| 그리고 | |
| 하나 둘 셋 넷 | 一二三四 |
| 둘 둘 셋 넷을 | 二二三四 |
| 노래 부르면서 | 逐之數之 |
| | |
| 아름다운 산수자연처럼 | 山水如長 |
| 영원히 | 自遊放思 |
| 제멋대로 놀리라 | |

*놀 · 리듬

## 自遊와 영구평화

自由?

堯舜+네로=皇帝

自遊?

野+文=兒(女)

※ 헤라클레이토스 단편 52와 100

## 自遊와 생성

생명이 약동하는 음과 양
여성과 남성의 대립되는
두 원리가 마치 한 가정의
부부처럼 칼로 물을 베듯이
사랑싸움하며 함께 사는
상극의 일치요.

모순 대립한 상이한 생명의
가장 아름다운 조화의
극치가 전개되는 바

이것이 바로 영원한 시간성의
자기 표현으로서 변증법적
만유생성의 自遊의 세계다.

이것은 마치 자기의 본분을 지키고,
남을 침범하지 않고,
상생하며 아름다운 꽃을
피우는 자연의 생리와
다르지 않는, 영원히
함께 사는 自遊의 세계다.

## 自遊와 인생

自遊에서 태어난 이 몸
自遊의 몸으로 영원히
自遊롭게 살리라.

## 自遊와 리듬

호미 가지고
제멋대로 놀다가

삽 가지고
맘대로 놀다가

책을 보며
멋대로 놀다가

담소하며
절로 놀다가

구경 다니며
스스로 놀다가

이리 쉬엄쉬엄 춤추며
제멋대로 노는 기쁨이란
우리 내 인생살이에 있어

이 어찌 우리 인간의
생명의 自遊가
아니던가.

## 自遊와 시간성

모든 것은 흐를 뿐
멈추는 것이라곤 없다.

그러므로 모든 것은
존재하는 것이 아니라
그저 생성할 뿐이다.

이것이
바로 생명의 自遊로서

변증법적
풍류 桓易<sup>한역</sup>의 自遊요
태극의 自遊요
창조의 自遊요
멋의 自遊요
선線적 예술의 自遊요

계기적 파상적 곡선운동의
우아하고 아름다운 유동이며
스스로 흐르는 물결의 아름다움이다.

그래서 순리에 따르는 홍익인간의 自遊,
군대를 해산하는 영원한
평화의 自遊다.

## 自遊의 美

개울물 스스로
물결 이루며 흐르는 그
깨끗한 맑은 물에

自遊의 美人이
폭 솟았다는
신화를 담고서

둥글둥글 돌고 돌아
밤낮으로 흐르는
그 아름다운 시냇물

큰 돌 바윗돌은
감싸 돌아서 흐르고
작은 돌 자갈 돌은
감싸 넘쳐 흐르는
그 깨끗한 시냇물

크거나 작거나
웅덩이마다 다 채워주고
넘쳐 흐르는 그 맑은 시냇물

더러운 곳 깨끗한 곳
가리지 않고 흐르는
그 아름다운 시냇물

굽이굽이 돌고 돌아
밤낮으로 흐르나니

그 원천은 어디메고
그 끝은 어디인가.

## 自遊와 일과 여가

옛날 태곳 적에
일과 여가가 함께 살았다.

그런데 일은 일만 알고
매일 밭에 나가
일을 계속하던 끝에
그만 지치고 말았다.

이와는 반대로
여가는 여가만 알고
여가를 계속하던 끝에
이 역시 힘든 일로서
또한 지치고 말았다.

이전엔 그들은
서로를 부러워하는 처지였다.
그러나 자기들의 처지를
알아차린 일과 여가는
어느 날 만나 의논을 했다.

우리 그렇게 살게 아니라
서로 교대하며
쉬엄쉬엄 춤추며 제멋대로 노는 것이

어떤가 하고 의논 끝에
그렇게 하기로 합의를 했다.

그 후 건강을 되찾은 그들은
밭에 나가 일을
즐기게 됐고

또한 쉬면서
스포츠 독서 새참의
여가를 즐기게 됐다.

그리고 일과 여가는
나무 끝에 달린 열매를
따기 위하여 궁리 끝에
사닥다리도 만들었다.

그리하여 일하다 쉬는 이 새참의
꿀맛을 알아차린 일과 여가는
쉬엄쉬엄 경쾌한 기분으로
하루 하루를 멋떨어지게
自遊스런 생활을 하게 됐다.

## 自遊와 세계 평화


이제 우리는
건강한 신체에
건강한 정신이
깃든다. '스포츠 사회'는

존록의 명언을
깊이 새기고

自遊로부터 일탈한
네 죽고 나 죽는
이기적 동물적(지적)
폭력을 맘대로 하는
自由 자본주의와 사회(공산)주의는
폐기 처분하고

네가 살고 내가 사는
비폭력을 맘대로 하는 自遊
사람 대접하는 홍익인간의 自遊
군대를 해산하는 영원한 평화의 自遊
만유생성원리의 自遊로 바꾸자.

그리하여
보복의 악순환으로 피로 물든
自由의 역사를 종식하고

우리의 소원인 남북통일은 물론
우리 인류의 이상인
세계 평화를 실현하자.

## 自遊와 비폭력

비폭력을
맘대로 하면

마음이 예뻐지고
그리고 재미가 난다.

## 自遊와 춤

혼자 춤추며
제멋대로 놀면
신묘하고,

둘이 춤추며
맘대로 놀면
마음에 들어서 좋고,

여럿이 함께 춤추고
멋대로 놀면
떠들어서 좋다.

# 自遊와 풍류, 그리고 남북통일

　자본주의위 대안인 사회(공산)주의도 우리 인류의 문제를 해결하지 못하고, 1990년대 붕괴되어 이미 역사의 뒤안길로 사라졌다. 그렇다고 자본주의의 승리의 도취는 금물이다. 왜냐면 이 또한 우리의 인류 문제를 해결하지 못한 이데올로기이기 때문이다.

　따라서 신자유주의의 대두로 인간은 기계화되고 부익부 빈익빈은 더욱 심화되어 세계는 바야흐로 힘의 논리인 야만이 지배하는 동물가족이 되었다.

　그러므로 이제 우리는 우리 인류의 문제를 해결 못한 편견이 되고 낡아빠진 사회(공산)주의와 자본주의 적 '신自由주의'는 모두 폐기 처분하고 만유생성의 自遊요, 홍익인간의 自遊로 바꿔(歸一)야 한다.

　그리하여 본시 自遊와 평등이 있고 군대를 해산하고 평화가 있는 우리 민족사의 뿌리인 풍류 선인의 홍익인간으로 민족 동질성을 회복하고, 우리의 민족 주체성을 확립하는 것이다.

　그래야 네가 죽고 내가 죽는 보복의 악순환의 고리를 끊고, 네가 살고 내가 사는 우리의 민족이 사는 길이다(自遊).

　이를 단군신화에서는 '古記云 昔有桓因謂帝釋也, 弘益人間, 時有一熊一虎, 同穴而居'라 하였다. 이는 한 가정의 부부처럼 두 원리가 공존

하는 이타적 홍익인간이었던 바, 그래서 여자는 정숙하고 남자는 부지런한 그야말로 신선들이 사는 이상국가였던 것이다.

그러므로 우리는 우리의 소원인 남북통일은 반드시 自遊로운 홍익인간 사상에 따라 평화적으로 실현하여 군대를 해산하고, 自遊로운 풍류골(코리아)의 신선들이 사는 이상국가를 세우는 것이다.

그리하여 세계 평화를 실현하자. 이것이 곧 바로 동물가족(自由)이 아닌 우리 自遊풍류골의 신선들이 사는 홍익인간 가족이다.

*코리아Korea의 어원인 '고려'는 고구려에서 비롯되었는데,
중국문헌에는 고려 또는 구려라 적혀 있다.
고구려·구려의 말은 고을·성읍을 뜻한다. 그러므로 코리아는
곧 고을·골이라는 뜻이다.

제2부

# 폭력의 自由 타령

## 쥐꼬리 권력

헌데, 그대들은 묘한 재주가 있다.
그 재주란 별 것이 아니고
아무도 눈에 띄지 않는 곳에
꼭 쥐들처럼 꼭 쥐구멍을
파 놓고는 꼭 쥐들처럼 꼬리 물고
들락날락하면서 꼭 쥐들처럼
밤에만 행동한다.

그리고는 사람들이
피땀 흘려 농사지어 놓으면
그걸 훔쳐다가 잘 퍼먹고 잘 산다.

그뿐인가, 쓰레기통 똥통 오줌통
아무 데나 들락거리면서 오염된 오만가지
잡균을 사람들이 먹는 모든
음식에 묻혀 놓고 다닌다.

사람들은 그 오염된
음식을 모르고 먹고서
병에 걸리거나
의식장애를 일으키거나

심지어는 생명을 잃기까지 한다.

이뿐인가
도깨비 전기로 지지고 볶으고
찜질해서 선별적 용공조작은
물론 이 밖 무엇이든지
조작해내기까지 한다.

그래서 自遊시민들은 놀라며 쥐꼬리만한
쥐꼬리 권력의 등쌀에 못 살겠다며
꼬리 물고 다니는 쥐꼬리 권력!
꼬리 물고 다니는 쥐꼬리 권력을
되뇌면서

이 못된 쥐꼬리만한 권력의
쥐꼬리를 잘라버리고 화형식을
하자고 오늘도 自遊시민들의
함성은 온 천하를 진동하고 있다.

# 양산군자 나리

내가 직장생활을 할 때이다. 주기적으로 도둑을 맞을 뿐만 아니라 문 창살을 창호지로 발랐는데 침을 발라 문 창호지를 뚫어 놓고 부부생활을 방해하기 위해 문 창살을 드득드득 긁으면 마치 기관 총소리 같다. 그러면 부부생활을 하다가 깜짝 놀랜다. 이에 문을 박차고 뛰어 나간다. 그러면 차분히 집 담 너머에 대변까지 싸놓고 가버린다.

이와 같이 하도 성가시게 하므로 관할 파출소에 신고를 했다. 그런데 재미있는 것은 순경나리 말하기를 내가 그 양산군자를 잘 알고 있으니 그러니 돈을 주라고 손을 벌리는 것이 아닌가. 때마침 점심시간이었기 때문에 부근 식당에서 점심을 같이 하면서 그 말을 듣고서 억장이 무너졌다. 참! 그리고 그 친구들 소소한 것부터 안 가져 간 것이 없다.

왜, 그랬을까? 꼭 고무신 한 짝 버선 한 짝이다. 이것은 그들의 공식이다. 이 친구들 참 묘한 존재다. 덕분에 단 벌 신사 진솔옷만 입고 멋부렸지. 그것도 월부로 그랬지. 또 1,000원짜리 시내버스 요금은 어째서 소매치기하는가?

그 밖에 봉급, 큰돈은 또 몰라도 선량한 국민임에는 분명한 존재. 그러나 힘도 없고 돈도 없고 빽도 없고 권력도 없다. 하지만 소외 계층으로 사는 약자의 생명과 재산은 과연 어디서 보장받을 것인가. 지체가 높

으신 양반 나으리의 것은 "여기 찾아왔습니다."하며 잘 찾아다가 갖다 바치면서.

이는 모든 국민은 법 앞에 평등하다는 우리나라의 헌법(11조)은 배추 장사들의 문서때기만도 못한 공허 바로 그것이다.

이것은 폭력을 마음대로 하는 自由 때문이다. 그러므로 폭력의 自由 타령을 하는 거다.

# 용공조작

1973년! 서슬 퍼런 박정희 유신정권은 선별적 용공조작의 마녀사냥을 어떻게 자행하였는가?

한 평범한 교사로서 전라남도 교육위원회(현도교육청)에서 파견 근무를 하고 있었다. 그런데 이 무슨 날벼락인가? 꿈엔들 생각이나 했겠는가? 그 선별적 마수는 무자비했고 잔인무도했다.

"너도 ○처럼 한번 당해 볼래?"

그리고 짠하다! 바로 이것이 연좌제에 의거한 선별적 용공조작의 마녀사냥을 한 증거다.

멀쩡한 생사람에게 독극물(환각제)을 강압적으로 먹여 정신질환자를 만들어 놓고는 전자충격기로 지지고 볶아 찜질까지 한다. 그러면 중추신경이 장애를 일으킨다. 이쯤 되면 중추신경이 자발성을 잃게 되므로 왜곡 행위(착어 등)를 유발하는 행동을 하게 된다.

이와 같이 조작된 왜곡 행위가 바로 용공으로 둔갑하는 것이다. 이 기상천외하고 감쪽같은 방법을 이용하여 선별적으로 용공을 조작해서 마녀사냥을 자행했던 것이다. 참으로 귀신도 격절탄상擊節嘆賞할 일이다. 이 어이없는 조작사건에 의해 얼마나 수많은 사람들이 희생양으로 이용되었을까?

이 세상에는 비밀이 없는 법, 알기 마련, 시간의 차이가 있을 뿐이다.

무심한 세월!

흘러서 강산이 세 번이나 변하고 보니 이제야 독극물(환각제)과 전자 충격기의 그 정체가 이 광명 천지에 명명백백하게 밝혀진 것이다. 이것은 그들이 저지른 천인공노할 만행을 은폐하기 위한 조작이었다는 것이 이제 확연히 증명이 된 것이다.

1992년 9월 말경, 단골 가게에서 산 식료품에 또 독극물을 타지 않았는가? 이 분명한 사실을 부인할 자신이 있는가?

나는 이 독극물에 대한 식품분석을 전라남도 보건환경연구원에 의뢰했으나 거절당했다. 다만 먹지 말라는 말은 해주었다.

이것은 왜냐하면 폭력을 마음대로 하는 自由 때문이다. 그러므로 폭력의 自由타령을 하는 거다.

# 독극물 및 정신질환

　정신병원에서 시행되고 있는 고압전기 충격과 약물은 과연 정신질환이 치료되는 것인가? 아니다. 낫기는커녕 고압전기 충격과 약물로 기억 지우기를 위한 세뇌 실험하는 현대판 수용소요, 폐인으로 만드는 공장이다.

　그런데 나는 그들의 잔인무도한 인권유린에 의해 생존권마저 박탈당하면서 정신질환까지 발병했는데, 그 원인은 독극물(환각제)에 의해 자행했다고 확신한다.

　지금도 기억하고 있지만, 1992년 9월 말경이었다. 단골가게에서 식료품을 샀는데 그 식료품에 독극물(환각제)이 함유되어 있는 것을 모르고 먹고서 '의식장애'를 일으켰기 때문이다. 그런 까닭으로 정신 질환이란 독극물에 의해 갑자기 발병한다는 것이 확실하게 증명이 된 것이다. 그래서 독극물에 의한 '실험적 정신질환'이었다고 확신하는 이유가 바로 여기에 있다.

　나는 상기와 같은 독극물로 인해 1993년에 발병한 정신질환을 치료키 위해 광주 시내 모 신경정신병원에 입원을 했다. 그런데 미국에서는 1970년대 초에 1~5초밖에 걸리지 않는 전기경련치료(ECT : 70~130V 전류)도 뇌의 손상은 물론 기억 손상이 매우 크므로 환자들을 보호하기 위하여 이미 제도적으로 중단했다. 그런데 우리나라에서는 하물며 본인의 의사는 전혀 무시되고 강제 상태에서 치료라는 미명 아래 고압전기 충격으로서 2시간 동안이나 죽었다 살아나는 전기고문을 자행했다. 이 고압전기 충격은 하루 중 오전에 한번 실시하며 빨간 침상에 반듯하게 눕힌 다음 검정으로 된 동그란 고무를 입에 물린다. 그리고 버튼을 누른 순간 의식을 잃는다. 즉 무의식의 상태로서 2시간 동안 죽음의 터널에 갇힌다.

이 죽음의 상태에서 깨어나면 바로 점심을 먹고 난 후 약물과 해열제를 먹는다. 그러면 하늘이 두 쪽이 날 정도로 골치가 팼던 두통은 말끔히 가신다. 그러나 정신은 몽롱한 상태에서 주시행육走尸行肉하고 있는 것이다. 이 과정에서 가장 견디기 어려운 것은 고압전기 충격을 받기 위해 대기하고 있는 시간이다. 이 시간은 죽기보다 더 싫은 절망이다.

죽는다는 의식은 전혀 없고 오직 그에 대한 공포증 때문에 사시나무 떨 듯 덜덜 떤다. 어떤 환자들은 바지에 오줌을 싸기도 한다. 나는 이런 고압전기 충격을 날마다 받으면서 이승과 저승을 31일간을 왕복했던 것이다.

아무튼 그로 인해 나는 기억상실과 카타랩서(밀랍인형) 현상이 나타났다. 내가 항상 출퇴근했던 집 앞길을 몰라 다녀야 했고 매일 하다시피 했던 공문기안도 작성하지 못했다. 글자는 보이는데 이해를 못했고 구어불능(실인식)과 결의 능력(무의지)을 상실하면서, 음식을 혓바닥에서는 쓰다 달다 분별하면서도 이물질을 뱉지 못하고 그대로 삼켜버렸다. 한번 의자에 앉아 자세를 취하면 마치 인형처럼 쭉 뻣뻣해진다.

이상과 같은 현상은 기호상실로서 실상증, 실인식, 실어증, 실서증, 실독증을 수반한 언어 맹인이요 정신 맹인으로서 사고장애와 의지장애였던 것이다.

○○국립정신병원(도립뇌병원포함)에서도 전기경련치료(ECT)를 한 번 받았으며 약물에 따른 부작용으로 인해 죽을 고비를 세 번이나 겪었을 뿐만 아니라, 얼굴까지 퉁퉁 부어 음식을 먹기조차 힘들고 사경을 헤매면서 약물 중단을 애원해도 막무가내, 약물 복용을 강요하는 간호원과 의사의 오만한 횡포에 시달렸다.

이것은 병을 치료하는 병원이 아니다. 생지옥 바로 그것이다. 그래서 환자들은 정신병원에 입원하는 것을 마치 도살장에 들어가는 심정이기에 극구 반대하는 그 이유가 바로 여기에 있다.

정신질환 초기 증상은 대략 아래와 같다.

의식이 흐려지고 시공의 장애와 환시가 나타나고 막연한 두려움과 글을 보면 해석망상이 따른다.(예 : 아버지 가방에 들어가신다.)

나중에는 현실을 등지고 자기 자신 속에 틀어박혀 비현실적 사고(자폐증)와 어떤 것이 별안간 떠올랐다가 갑자기 사라지는(관념자동성) 체험을 하고 자아 소속감을 잃는다. 정신이 완전히 산산조각이 나버린 의식혼탁 상태로서 마치 지휘자 없는 교향악단과 같은 상태였다. 이 같은 몽환은 급성중독이나 알코올 중독, 전염병, 그리고 정신 외상(감정충격)에 의해 발병한다. 이것은 폭력을 마음대로 하는 自由 때문이다. 그러므로 폭력의 自由타령을 하는 거다.

*① 치료자 위주에서 환자 위주로 인식 전환이 필요하다.
　② 물리치료(신체)에서 심리치료로 꼭 바꿔야 한다.
　③ 독극물과 전자충격기는 정신질환의 외적원인이다.
　④ 특히 전자충격기는 정신질환의 재발원인이 된다.

# 캐나다 세뇌실험 피해자에 대한 사과 및 보상

한겨레 신문에서 여러 차례에 걸쳐 정신질환에 관하여 보도한 바 있었다. 그러나 특히 나의 관심을 끌었던 것은 동신문 92. 11. 21자에 보도된 '캐나다 세뇌실험 피해자에 대한 사과 및 보상'이란 제하의 기사였다.

그 내용을 요약하면 다음과 같다.

캐나다 정부와 미국 중앙정보국이 50년부터 65년까지 세뇌기술 확보와 새로운 치료법을 개발할 목적으로 병원 환자들을 실험대상으로 이용하여 환각제(메스카린 · LSD)를 투여하여 고압전기 충격과 잠 안 재우기를 통해 기억을 말끔히 지우는 세뇌실험을 했다는 것이다.

환자들은 이로 인해 읽지도 쓰지도 못하고 가족도 잘 알아보지 못했다고 한다. 이에 캐나다 정부에서는 30~40년이 지난 이제야 인도적 차원에서 이들 피해자들에 대하여 사과를 하고 그에 상응한 보상을 했다는 내용이다.

나는 이 같은 사실을 모르고 있던 중 이 충격적인 기사를 읽고 분노와 경악을 금치 못했다. 그 이유는 우리나라에서도 그와 똑같은 세뇌실험을 자행했는데, 이 세뇌실험을 당한 한 사람으로서 그에 대한 나의 경악이요, 분노였던 것이다.

이것은 왜냐하면 폭력을 맘대로 하는 自由, 自由로부터 도피하기 때문이다. 그러므로 폭력의 自由타령을 하는 거다.

*우리나라에서도 캐나다 정부처럼 피해자들에게 사과하고 보상해야 한다.

# 독극물 및 적면 공포증

1963년 10월! 그 서슬 퍼런 박정희 군사독재 정권의 시대다. 당시 모 중학교에 근무하면서 나는 교실에서 수업을 하고 있었다.

그런데 학생들에게 학습내용을 설명을 하는데 무엇인가 목에 걸리며 말이 막혔다. 그래서 운동장 쪽을 향했다가 다시 고개를 돌려 학생들을 향해 설명을 하면 또 무엇인가 걸리며 말이 막혔다. 이렇게 서너 번 반복이 되었다. 그리고는 그날 수업을 마치고 귀가했다.(소위 낚시라는 건가?)

문제는 다음 날이었다. 하숙집에서 갑자기 점심 도시락을 싸주지 않는 것이다. 이것은 책임 분산이라고 보는데, 할 수 없이 시내 모 식당에서 점심을 먹는데 '새까만 식은 꽁보리밥에 짜디짠 비빔밥'이었다.

이 점심을 꼭 한 달 동안 먹었다. 몸은 초췌할 대로 초췌해졌고, 그렇게 당당하고 패기에 찼던 기氣는 어디로 가고 하루아침에 비실비실 패기 없는 인간이 돼버렸다. 그래서 얼굴이 붉어져서 수업을 제대로 하지 못했다.

그런데, 왜 그렇게 꼭 술먹은 사람처럼 앉았거나 섰거나 간에 갑자기 얼굴이 화끈화끈 달아올랐을까? 이것은 다름 아닌 '아드레날린' 때문이었다고 확신한다.(독극물)

'조건공포형성'이다. 이것이 소위 노이로제(병식함)라는 적면 공포증이다. 이런 증상 때문에 설명을 못했던 것이다. 이같이 갑자기 비실비실 패기 없는 인간이 된 한 달 후 하숙집에서 다시 점심 도시락을 싸줬다. 그리하여 건강이 조금 회복했다. 그후 이동발령을 받았다.

1966년!

일요일 짬을 내어 책장에서 사회과학사전을 꺼내 들고 '중도사상'을 좀 보려 하면은 이놈의 책에 마귀가 붙었는지 괜히 벌벌 떨리고 무서움 증이 들었다. 그래서 내용을 보지도 못하고 획 집어 던졌다가 다시 책장에 꽂곤 했다. 이 사회과학사전은 시내 모 고서점에서 산 것으로 보고 싶었던 그 중도사상은커녕 한 자도 보지를 못했다. 그 이유는 그 책만 꺼내 들면 벌벌 떨리고 무서움증이 들었기 때문이다.

그런데 참으로 이상한 것은 왜 다른 책은 꺼내들고 봐도 조용하고 순수했는가? 아무런 이상없이 슬슬 책을 잘 봤다. 또 왜 다리가 괜히 후들후들 떨린 것은 무엇 때문인가?

그것은 전자충격기의 만행이었다.

# 전자충격기와 정신 쇄뇌

전자충격기는 요술을 잘 부리기 때문에 그 이름도 다양하다. 전자봉, 도깨비 방망이, 도깨비 전기, 요술방망이, 요즘 말로는 전자충격기라고 한다. 그런데 이 전자충격기에 대한 정체가 밝혀진 것은 5공 청문회를 통해 그 정체가 밝혀지기 시작했다.(5공 당시 안기부장 장세동 씨가 도깨비 방망이를 두들기고 다님)

그리고 고 문익환 목사의 옥중일기에서도 이 전자봉에 대해 언급한 바가 있었다. 이에 따르면 이 전자봉으로 고문을 하면 감전되어 죽는 것으로만 알고 있었는데, 이를 우리나라의 민주화와 통일을 위해 몸 바쳐 투쟁해 온 민주인사들에 대하여 고문 도구로 사용했다는 것이다. 대학생들의 데모 시에도 사용했으며, 1999년 11월 23일 KBS 라디오 12시 낮 뉴스에서는 도둑놈 잡는 데도 남용 못하도록 방송한 바 있다.

그러면 전기로 사람의 머리에 자극을 주게 되면 과연 어떤 증상이 나타날까? 이에 대해서 한번 알아보자.

전기로 사람의 머리에 자극을 주게 되면 중추신경이 장애를 일으켜 자발성이 없어지고, 반응이 없어지는 상태가 나타난다. 이와 같이 인간의 머리에 전기를 통하여 인간의 의식이 있다는 것을 알게 된다. 이렇게 전기를 조작해서 만든 개념을 과학적 입장에서 구성개념 또는 의식개념이라 한다. 욕구 · 지각 · 감정 등은 모두 여기에 속한다.

그렇다면 이와 관련해서 왜곡 행위에 대해서 한번 생각해 보자. 이 왜곡 행위는 잘못 말하기, 잘못 쓰기, 잘못 읽기, 잘못 보기, 잘못 듣기, 얼굴 붉히기 등을 들 수 있다.

우리가 대화를 하거나, 글을 쓰거나, 글을 읽거나, 글을 보거나 들을 적에 전자충격기로 사람의 머리에 자극을 주었다면 과연 어떤 반응이 나타날까?

잘못 말하기와 얼굴 붉히기의 예를 들어보자

먼저 얼굴 붉히기에 대해서 알아보면 이미 설명한 바대로 전자충격기로 머리에 자극을 주면 중추신경이 장애를 일으켜 자발적 활동이 없어지면서 말이 꽉 막히고 얼굴이 붉어진다. 이 같은 사실을 모르면 적면공포증이 된다.

다른 하나는 중추신경이 장애를 일으켜 자발성이 없기 때문에 대화를 하다가 자기도 모르는 사이에 하늘이라고 하려던 것을 엉뚱하게 땅이라고 한다. 그리고는 금방 잊고, 전혀 생각이 나지 않는 것은 원래 자기의 의도가 아니었기 때문이다. 심리학에서는 이를 '착어'라 한다.

이와 같이 의사전달을 하기 위하여 표현코자 했던 생각은 의도한 바로 되지 않고 오히려 생각을 금방 잊고 엉뚱한 말을 하게 된다. 이와 같이 도깨비전기는 모든 것을 무엇이든지 조작해 낼 수 있기 때문에 도깨비 방망이, 요술 방망이라고 하는 것이 아닐까. 여기에다 독극물(환각제)을 먹여 정신 질환까지 겹치면 용공조작은 식은 죽 먹기다. 뿐만 아니라 이 전자충격기는 왜곡 행위는 물론 석두石頭를 만들어 머리를 못 쓰게 하고 밤이면 잠을 못 자게 하는 폭력도구이다.

그뿐이겠는가. 길거리, 시내버스 정류장, 목욕탕, 주택, 공공건물에 이르기까지 따라다니며 지지고 볶으고 찜질해서 사람이 살 수 없는 생지옥 바로 그것이다. 이같이 전자충격기의 찜질이 매일 계속되었는데 '김영삼 쥐꼬리 권력'의 횡포가 극히 심했다.

그러면 '김대중 쥐꼬리 권력'의 횡포는 어떤가? 내가 외출이나 산책을 나가고 없으면 자물쇠는 있으나마나이고 나의 방은 쥐꼬리 권력의 사찰정보원 안방이다.

아래는 그 예다.

· 참기름 가져가기
· 깨소금 가져가기
· 귤 가져가기
· 고춧가루 퍼가기
· 쌀 퍼가기
· 옷 찢어 놓기(옷씌우는 비닐까지)
· 옷 불 태워 놓기
· 전화 사용하기
· 책상 위의 책을 거꾸로 놓아두기
· 책장의 책을 거꾸로 꽂아두기
· 책장의 책을 위아랫장으로 바꿔놓기
· 일기장 가져갔다 갖다놓기
· 냉장고 고장 내놓기
· 밥그릇 깨놓기(빨간 플라스틱)
· 라디오 깨부숴 놓기
· 연탄불 꺼놓기

· 밥을 정재 바닥에 헤쳐 놓기
· 自遊에 대한 초고初稿 가져가기 등등이다.

이와 같이 그들은 방에 들어와서 손 안 댄 것이 없다. 그리고는 상기와 같이 꼭 왔다갔다는 표시를 해놓고는 가버린다.

이것은 주거 침입이요, 민간인 사찰이요, 사생활 침해요, 완전히 인권유린으로 세상 천지에 이런 불법이 없으며 이런 간접적인 살인행위가 없다. 완전히 정신적으로 사람을 죽인 것이다.

이같이 너무 성가시게 하므로 굳건한 의지로 방 지키기를 9개월을 계속하였더니 이제는 전자충격기로 더 심하게 지지고 볶고 찜질하면서 바깥 대변 보러간 그 사이 방안에 들어와서 방문을 활짝 열어놓고 가버리면서 방 지키기를 더 이상 계속할 수 없도록 괴롭혔다. 그래서 견딜 수가 없어서 방 지키기를 포기를 하고 모 시민단체에 찾아가 기자회견을 자청했다. 그러나 하기로 된 기자회견은 그들의 집요한 방해공작으로 다시 무산되고 말았다.

기자회견을 실패한 후로 이제 그들은 더 배가 아파서인지 몽니를 부리며, 국어소사전 두어 장을 찢어 놓았다. 그후에도 시민단체를 찾아다니며 기자회견을 시도했으나 역시나였다.

사실 김영삼쥐꼬리권력의 극심한 횡포로 납치를 당해 강제로 정신병원에 입원하여 약물 부작용으로 인해 죽을 고비를 넘기고, 겨우 살아서 퇴원하여 이곳 오치동으로 이사를 하고난 후 건강이 조금 회복되었는데, 결국 이 곳에서도 김대중쥐꼬리권력의 극심한 횡포는 계속되어 영하 10도를 오르내리는 그 추운 겨울에 기름보일러를 고장 내놓았기에(추정) 그 추운 얼음방에서 이틀을 자기도 했다. 그것도 부족해서 이제는 그 영하의 날씨에 집을 나가라며 악담부담 어거지로 쫓아내 버리려는 횡포를 자행했으며(2001. 1. 7), 결국에는 납치하여 강제로 정신병원에 잡아 가두었다. 이 적반하장의 억울함을 과연 어디에 호소할 것인지?

이것은 왜냐하면 폭력을 맘대로 하는 自由 때문이다. 그러므로 폭력의 自由타령을 하는 거다.

*관할 파출소에 신고해도 도로아미타불이다.(경찰관이 다녀 감)

# 自遊의 초고<sup>初稿</sup> 도난과 5·18

김영삼 문민정부에서 전자충격기의 횡포가 가장 심했는데, 그 때는 전자충격기에 대해 잘 모르고 있었다.

당시 93~94에 걸쳐 광주 북구 매곡동에 살면서 5·18행사에 나갔다가 어두워질 무렵에 나라서점 2층(현재 없음)에 들렀는데, 곧장 뒤따라온 참한 아가씨가 전두환, 노태우에 대한 고발 1인 서명용지를 내게 내놓으며 서명을 요청했다.

참한 아가씨인데다 내 뜻과 일치하므로 쾌히 승낙을 하고 서명을 해줬다. 당시 2층에는 남자종업원과 나, 그리고 그 아가씨뿐이었다.

그런데 당시 내가 살고 있는 집에서 나와 같이 세 들어 살던 할머니와 학생이 하나 둘 나가고 나서 50대 중반의 이ㅇ술이란 자가 세 들어왔다.(1994년 6월경)

처음에는 의심치 않았다. 허술한 옷차림에 꼭 노동자 행색을 하고 있었고, 집 앞 아파트 공사장 노동자들의 십장 같기도 하고 해서 대수롭지 않게 생각했다.

밤이면 내 방에서 TV도 같이 시청했고, 검찰이나 청와대와 관련된 얘기도 했다. 사실 3,000여 명이 서명한 전두환, 노태우에 대한 고발장을 오종렬이 검찰에 제출한 것을 TV를 통해 방영했기 때문에 익히 잘 알고 있는 터였다.

　이러한 상황에서 전자충격기의 횡포가 극히 심했으며, 이ㅇ술이 김치를 줘서 고맙게 생각하고 잘 먹기도 했는데, 갑자기 기억력이 떨어지고 머리가 흐릿해졌으며 사물을 분간하는 것이 어려웠다.

　곧 죽을 것 같은 생각이 들기도 해서 내가 죽기 전에 自遊에 대한 내 뜻을 후손들에게 전해야 되겠다는 생각에서 부랴부랴 머리에 입력해 뒀던 생각을 대충 써놓은 것이 바로 '自遊에 대한 초안'이다. 전자충격기의 횡포가 심하지 않았다면 이 초고는 쓰지 않았을 것이다. 사실 이 초고는 나의 유언이나 같은 것이다.

　이 초고는 이ㅇ술도 같이 봤다. 그 얼마 후 그러니까 약 한 달 가까이 될 무렵 김영삼 대통령이 비폭력상을 수상했다. 그러자 김영삼 대통령은 '싸우지 않고 이길 수 있다'고 떠들었다.


　1. 自遊는 비폭력을 마음대로 한다.
　2. 自由는 폭력을 마음대로 한다.


　그런데 이ㅇ술이 태도가 점점 예사롭지 않아 자꾸 의심이 났다. 그래서 신분증을 요청했으나 거절하고 계속 보여주지 않았다. 이로 인해 그와 대판으로 싸우고 그 집에서 살지 못하고 빚을 내어 광천동에 집을 얻어 부랴부랴 이사를 했던 것이다. 이곳으로 이사 온 뒤 自遊에 대한 초고를 도난 당했다.(1995년)

　이곳 광천동에서도 전자충격기로 지지고 찜질을 심하게 해서 생지옥은 마찬가지였다. 도저히 살 수가 없었다. 결국 그 집에서 내쫓기다시피 하여 강제로 정신병원에 들어가게 되었다.

그 이후 병원에서 퇴원을 하고 이사온 곳이 바로 오치동이다.(98년 4월) 그리고는 1999~2000년에 걸쳐 인권단체와 5·18재단을 찾아가 전두환·노태우에 대해 검찰에 고발한 이를 확인코자 했으나 그 원본을 이사하면서(전대동창회관) 분실했다며 확인을 해주지 않았다.

내가 확인코자 한 것은 그 참한 아가씨가 혹시 흑심을 품고 내게 서명 요청을 한 것이 아니었는가를 확인코자 한 것이고, 또한 이ㅇ술이란 침입자가 나타났기 때문이다.

이 탄압에 대한 나의 생각을 인권단체와 5·18재단의 관계자에게 분명히 얘기했던 것이다. 그런데 그 관계 직원인 이ㅇ희 계장은 자기는 그런 인권탄압을 받지 않았다며 고발 원본을 보여주지 않았다. 그래서 나는 힘도 없고, 빽도 없고, 돈도 없고, 권력도 없어서 그런 인권탄압을 받았다고 말하고 그 자리를 박차고 나왔는데, 이는 관계 직원(이계장)의 개인 생각이라 여기지만. 5·18이라면 만천하가 민주항쟁의 희생자들이란 것을 다 잘 알고 있는 터다. 그런데 이제 자기들의 自由를 얻고 보니 남의 자유는 탄압하고 탄압 받아도 좋다는 모르쇠인가? 自由로부터 도피인가?

따라서 고발한 그 원본을 이사하면서 분실했다는 것은 앞뒤가 맞지 않고, 이것은 그들의(관계당국) 방해공작에 의한 것이라고 확신하지만, 의문으로 남아 있다.

따라서 이 고발문서는 서명한 사람들의 생명이다. 그런데 이 생명을 분실하다니 말이 되는가? 이 생명의 문서를 너무 소홀히 취급한 것은 아닌지? 그리고 영구 보존해야 할 문서철이 아닐는지? 한번 묻고 싶다. 또한 이를 다시 확인코자 윤ㅇ규에게 의뢰 했는데 감감무소식이다.

한 가지 더 부연설명하자면, 94년 5·18 행사를 연일 나갔는데, 이번에는 틀림없이 꼭 닮은, 그리고 얼굴까지 변장한 가짜 '강태풍 은사님'의 행세자가 있었다.

이 착시에 속아 다방에서 차까지 사줬다. 그런데 이들은 '自律'을 말하면서 영어로 'self control'이란 말까지 했다. 또한 두 사람은 항상 붙어 다녔다. 폭력을 맘대로 하는 自由, 自由로부터 도피하기 때문이다. 그러므로 폭력의 自由타령을 하는 거다.

# 기자회견 방해공작

김영삼 대통령이 비폭력 상을 수상한 1994년 이후부터 전자충격기의 횡포가 극히 심했는데, 밤낮 아무 곳이나 따라다니며 지지고 볶고 찜질함은 물론 밤이면 숨이 꽉꽉 막혀 잠은커녕 방에 있을 수조차 없었다. 그래서 밤중에 방을 뛰쳐나와 시내를 방황하다가 피곤해서 밤 12~2시경 귀가하면 그래도 지지고 볶으므로 그대로 문턱에 걸터앉아 뜬눈으로 밤을 새우는 것이 한두 번이 아니었다. 이와 같이 매일 괴롭히므로 살 수가 없었다.

그리고 1999년 9월 6일! 이 당시는 국민의 정부시대인데, 빛고을 모 시민단체에 찾아가 기자회견을 자청했다. 회견 내용을 다 읽어 본 그 관계자는 준비 관계도 있고 하니 다음날 하자고 해서 그렇게 약속을 하고, 다음날 전화 연락을 기다릴 수 없어, 마음을 단단히 먹고 직접 사무소를 찾았다.

그런데 이게 웬일인가? 전날은 그렇게 싹싹하고 부드러웠던 그 관계자는 돌변하여 쌀쌀하기가 얼음장 같았다. 얼굴은 쭉 빠지고 무척 괴로운 눈치였다.

아하! 낌새를 알고 그들의 방해공작이었구나, 직감적으로 알아차렸으나 혹시나 하고 일주일을 찾아다녔다. 그러나 허사였다.

이같이 기자회견이 실패한 뒤로는 이제 그들은 더 배가 아파 더 몽니를 부렸다. 그 보복으로 '국어소사전' 두어 장(759~762P)을 찢어 발겨 놓았다. 어디 그뿐인가. 심지어 냉장고, 밥그릇까지 깨부숴 놓았다.

2000년 10월 4일에는 밥을 정재 바닥에 헤쳐 널어놓았다. 그래서 그 분노를 더 이상 참을 길이 없었다. 그래서 이번에는 다른 시민단체를 찾아가 기자회견을 자청했지만, 회견 내용을 읽는 둥 마는 둥 몇 자 읽어본 젊은 관계자들은 이것이 무슨 인권유린이냐며 오히려 반문을 하며 냉대를 했다.

아하, 전화 통화를 도청하고 방해 공작을 취한 것이 틀림없다는 것을 직감적으로 알아차렸다.

이렇게 그들의 집요한 방해공작으로 기자회견은 모두 실패로 끝났다. 그밖에 인권단체, 시민단체, 정당, 파출소 등을 찾아 다녔으나 모두 허사로 끝나고 더 배가 아파 더 몽니를 부렸다.

이것은 왜냐하면 폭력을 맘대로 하는 自由, 自由로부터 도피하기 때문이다. 그러므로 폭력의 自由타령을 하는 거다.

# 전자충격기의 횡포신고

　전자충격기로 지지고 볶으고 찜질하면 머리는 석두石頭가 되고, 방에 앉아 있으면 진드기처럼 딱딱 들러붙어 신문, 책을 아예 볼 수가 없다. 밤이면 잠을 못 자게 괴롭히는 폭력도구다.

　그 예를 들면 잠을 자다 깨어보면 가슴이 뜨겁다. 그래서 잠을 자다가 깨곤 하는데, 이 때문에 밤이면 잠을 못 잔다. 낮 역시 심하면 가슴이 뜨겁기는 마찬가지다.

　이같이 밤낮으로 지지고 볶으고 찜질하므로 사람이 살 수 없는 이런 생지옥이 없다. 이에 더 이상 살 수 없어서 빛고을 오〇동 관할 파출소에 신고를 했다. 전자봉의 횡포 때문에 살 수가 없으니 제발 좀 중지해 달라고 했다. 그랬더니 어느 순경나리가 파출소 뒷문으로 들어가더니 허리띠에 묶인 꼭 권총 같은 가스총을 가지고 나와서 전자봉은 없고, 가스총만 있다며 필자에게 보여줬다.

　그 신고 2년 후인 2002년에 그 전자봉의 정체가 밝혀졌다. 그때 당시 과연 그 전자충격기가 없었단 말인가? 이는 지금껏 그 정체를 모르고 당해 온 피해자들만이 이제 이에 대해 답할 것이다.

　필자는 1995년 가을경, 서울 모 일간지에 이 전자봉(도깨비방망이)에 대해 기고한 바 있다.

그러나 결론도 내지 않고(한 두어 줄 빼먹고) 투고했는데(소장하고 있음) 이는 변명 아닌 분명한 작위 체험에 의한 것이었음을 이제 여기에 밝힌다. 독극물(환각제)과 전자충격기의 그 정체가 이제 다 밝혀진 이 마당에 무엇을 더 이상 숨기겠는가?

이 독극물과 전자충격기는 정신질환의 외적 요인임이 분명하지 않은가? 따라서 이 전자봉은 정신질환의 재발의 요인임이 틀림없다.

# 전쟁과 영구평화

2001년 9월 11일!

미국의 상징이며 미국의 심장부인 뉴욕의 쌍둥이 건물이 비행기의 충돌에 의해 힘없이 무너져 내리고 버지니아 주의 펜타곤 국방성이 또한 붕괴되는 대참사를 지상과 TV를 통해 시청하면서 놀라고 가슴 졸였다. 따라서 이 가공할 테러에 의해 육천 명에 가까운 무고한 인명의 살상자가 발생했다.

이에 미국의 조지 부시 대통령은 테러의 주모자로 아라비아의 오사마 빈라덴을 지목하고, 이를 은닉하고 있는 아프카니스탄의 탈레반정권에 대한 보복과 테러의 근절을 위한 전쟁을 선포하고 작전개시를 유보한 상태에서 드디어 10월 8일 밤 1시 30분에 공격을 개시했다.

참으로 이 무시무시한 인간 의지의 自由, 이 폭력(살생)의 自由를 수호하기 위하여 또 얼마나 많은 무고한 인명이 희생될까? 정말 가증스러웠다.

오늘날 우리 인류의 역사는 폭력(살생)의 自由 확대의 역사이면서, 自由로부터 도피의 역전의 연속에 따라 피로 물든 피의 역사다.

뉴욕의 UN 건물 앞에는 총구를 꼬부려 놓은 조각 작품이 있다. 그리고 뉴욕의 自由의 여신상은 참으로 이 역사의 아이러니를 실감나게 지켜보고 있지 않은가.

악을 자행하는 이 의지의 自由, 이는 기독교 원죄설의 바탕이다. 물신성의 自由는 인간이란 안중에도 없다.

존 듀이는 自由가 위협받고 있는 것은 인간성 속에 있는 탐욕과 질투 때문이라 했으며, 전쟁을 방지하고, 인류의 이상인 세계평화를 위해서는 인간의 마음속의 동물성을 제거하는 것이라고 유네스코 헌장은 발하고 있다.

그러므로 이제 우리는 '건강한 신체에 건강한 정신이 깃든다'는 주베날리스의 명언을 새기면서 너 죽고 나 죽는 극히 이기적 동물적 폭력을 맘대로 하는 악마의 自由는 당장 폐기 처분하고, 네가 살고 내가 사는, 홍익인간의 自遊, 비폭력을 맘대로 하는 自遊, 군대를 해산하는 영원한 평화의 自遊, 만유생성의 원리의 自遊로 바꿔(歸一) 세계의 인류가 누구나 다 폭력과 전쟁의 공포로부터 완전히 해방되어 피로 물든 自由 역사를 종식하고, 우리의 이상인 세계의 평화를 실현하는 것이다.

# 동심과 싸움

말로 한참 싸우다 지면 분하고 서러워서 소리 내어 엉엉 울다가 그래도 분을 못 이겨 밀치고 잡아땡기고 하다가는 또 삐져서 가는 놈이 있는가 하면, 그러다가도 또 만나면 언제 그랬더냐 싶게 서로 좋아하며 함께 어울려 잘도 논다.

이 피나지도 않고 아프지도 않는 재미난 싸움, 그게 예뻐서 한참 보노라면 나도 모르게 동심에 젖어든다.

시냇물 흐르는 맑은 물에서, 드넓게 펼쳐진 산과 들에서, 이 아름다운 자연 속에서 뛰노는 동심은 마냥 즐겁기만 하다. 천진스런 요놈들의 꿈이 무엇인가 하고 물었더니 선생, 의사, 간호원 그리고 위대한 과학자가 되는 것이 꿈이란다. 그리하여 아픈 사람들 모두 낫게 해주는 것이란다. 이 소박한 꿈이 꼭 이루어지기를 두 손 모아 빈다.

대통령은 하지도 않은데. 그저 즐겁게 뛰노는 것이란다. 이리 뛰놀다가도 해질녘 석양이면은 어째서 엄마가 안 오는지. 논밭 일터에서 엄마 돌아오기를 기다리는 동심.

제3부

# 어머니의 사랑

## 산동교 낚시터에서

풀내음 향긋한
비치파라솔 아래 앉아서
오순도순 정을 나누는
며느리와 노모의 다정한 모습
그것은 하나의 아름다움 그것이었다.

한 젊은이 낚싯대 드리우고
빡죽대*에 시선을
모으고 있는데
낮에 나온 반달이
강물에 비추인다.

강물은 맑고 푸르게
그리고 흘러간다.

※부표

## 고향의 봄

이른 아침
사립문 여는 소리나면

오가며 보는 이마다
고개 숙여 인사하는 시골길

가슴마다 흐뭇한 정이
듬뿍 스며들고

울타리에 앉은
참새들의 노랫소리에
촉촉이 적셔주는

무지갯빛 봄
단비가 보슬보슬 내린다.

## 푸른 대나무

너는
어이 그리 마디지어
속은 텅 비었으면서

올곧게
사시사철 푸르며
겨울 눈 속에
더욱 싱싱하니

내 그대를 부러워하노라.

## 나의 애인 담배

어느 누가 사랑이야
당해 내겠는가라고 했다.

그러나 그림자처럼 따라다니는
나의 애인 담배

때론 그 사랑보다
내 마음을 더 속 시원히
잘 알아줄 때가 있다.

시름과 무료할 때 피우면
마음에 위안을 주는
안심초

담배를 피우며
명상에 잠길 땐
명상초

멍청하게 꽉 막힌 곳을
확 뚫어줄 땐 이거야말로
시원초

다정한 사이건
처음 만난 사이건
언제 어디서나
부담없이 손쉽게 누구와도
서로 나눠 피우며
사이를 좁혀줄 땐
사교초

밥 먹고 난 후
담배 한 대 피우는
그 맛, 이거야 정말
별미초

이 달콤한 맛을
금연자는 모르리라.

이렇듯 고마운
나의 애인 담배

없고 보면
더욱 생각이 난다.

## 정신병원

고뇌에 겨운 인연으로
삶의 의미가 실감나지 않는
인생사표의 갈림길

두 손 모아 합장하고 기도하는
조심스런 얼굴들에는
모두가 빛 잃은 생각들로
하늘을 향해
멈출 길목을 잃은
돌대가리다.

한 때 무성했던
생명의 빛이
생기의 빛을 잃고 만 지금
그 생명의 신비의 빛을
되찾기 위해
먹기 싫은
그 지긋지긋한
약을 먹고 그리고
죽기보다 더 싫은
고압전기 충격을 받으며

이승과 저승을 왕래하면서도
삶의 리듬을 배워야만 했다.

고뇌에 겨운 인연으로
생명의 빛을 잃고 만 지금
허공을 향해
소리소리 지르는
그 소리 들으면

그러나
아직 생명의 신비가
파닥거리고 있는
그것을 느꼈다.

## 퇴원을 기다리며

무료함을 달래는
설렘이 있다.

수선스럼이 있어
고요함이 함께 하는

그 리듬 속에서
기다림의 시녀가 되었다.

황혼 햇살을 받은
어느 길손처럼
갈 길이 바쁘기만 하다.

낮이면 낮마다
밤이면 밤마다
하늘의
별과
바람과
구름조각을
헤이며 보내는
밤과 낮이다.

자연의 열기가
아직 가시지 않는
감정의 교차로에서

스스로를 점쳐보며
철창 밖을 그린다.

## 락수원 樂壽園

우두커니 먼 산 바라보며
무언가 희구하는 것 같은
그 할머니 할아버지들의
핏기 없는 얼굴 그 모습을 보면서
그 희구하는 것은
과연 무엇일까?

그러나 현실에서
소외되고 의지가지 없는
할머니 할아버지들의
따뜻한 보금자리
이 외딴 베데스타 양로원,
서로가 서로를 의지하며
여생을 보내고 계시는
할머니 할아버지들,

이 할머니 할아버지들에게
사랑으로 뒷바라지 하느라

여념이 없는
이곳 직원들은

아들이요
딸이요
며느리란다.

이 곳 직원들의
노고에 대해 진심으로
고마움을 표한다.

그리고 사무실의
걸게글 시 한 편을
여기에 소개한다.

나 늙어 노인되고
노인 젊었을 때 나였으니
젊음과 노인이 따로 없다.

할머니
그리고
할아버지

오래오래 사시기를
진심으로 기원합니다.

*어머니께서 치매 때문에 잠시 양로원에 계신다.

# 어머니

이고 메고 골목길 누비며
장사하시면서 아들에 좋다는
오만가지 단방 약은 다 구해다가
다려주시면서 불평이 없으신
어머니.

그러나 나는 이런 것
무슨 소용 있느냐며 짜증만 냈는데
아들의 짜증은 마이동풍.
오직 아들 위해 간직한
그 하해 같은 정성과 사랑으로

정재 앞에 정화수 다례상
차려 놓고, 조왕님네! 조왕님네!
손을 싹싹 비비며
우리 아들 병 나아주십사
우리 아들 병 나아주십사
아들의 쾌유를 기원했던
어머니. 이 같은

어머니의 하해 같은 정성과
사랑은 헛되지 않아 강산이
세 번이나 변한 지금에야
아들의 병은 완쾌됐습니다.
어머니!

## 어머니, 고맙습니다

아들 병 낫고,
어머니께서는 저 세상에 계시니
이 불효자식 땅을 치고 목 놓아
통곡합니다.

어머니! 참으로 하나님도 무심합니다.
어머님께서 믿으신 하나님도
없으신 모양입니다.

어머니!

# 모기

모기가 물어뜯으면
가려워서 잠을
설치기 마련이다.

제철 만난 여름철
밤이면 더욱 극성이다.

그래서 나는
이 귀찮은 모기로부터
해방되기 위하여
밤이면 모기장을 친다.

그래야 잠을 편안히
잘 수 있다.

## 단식 일년 육개월

우리네 소외계층은
독극물(환각제)에 의해
정신질환자가 된 사람은

독극물 노이로제 때문에
모든 음식이 꼭 독극물로만 보여
먹지 못하고

그저 남의 정신으로
상상을 초월하는 꼬박
6개월이란 단식을
하고 살았네.

정신은 되레 초롱초롱
맑고 뚜렷하지만,
뼈만 앙상히 남아
앉거나 눕거나 간에

뼈가 방바닥에 닿으면
아파서 이리 뒤척 저리 뒤척
하다 보면 기운은 다해

산송장 같은 살더미
주체치 못했고,

그리 어찌 굶다 보니
무한정 전혀 밥 먹고
싶은 생각나지 않았네.

밥상이나 음식을 보면은
오히려 짜증만 났고
물만 한 모금 정도
마셨다고나 할까.

어쨌든 남의 정신으로
상상을 초월하는 단식을
했다네.

이렇게 6개월 단식을
하고 보니, 그 후 한 달 단식하는
것은 거뜬하고 보통
아무것도 아니었네.

곧 이어 또 어찌 그리되어
한 달도 굶고, 또 스무날도 굶고,
또 열흘, 일주일, 삼일도 굶고
이같이 굶다 먹다 보니
그것이 반복이 되어 또
남의 정신으로 꼬박
1년을 단식하고 살았네.

왜, 그랬는지
나도 무어라 표현할 수 없다.
다만 한 가지 분명한 것은
모든 음식이 꼭 독극물만
보였기 때문에, 먹지 못했던 것인데,
이것이 어쨌든 남의 정신이랄 수밖에 없지 않은가?
곧 이것이 독극물에 의한 병적인 신경증이 아닌가?

질긴 게 사람 목숨이라
지금 살아서 이 글을
쓸 수 있도록 해주신
그러나 지금은 저 세상에
계신 어머님께 진심으로
고마움을 표한다.

끝으로 남아공 60대

여자가 100일을 단식했는데

세계 최장 단식 기록*이다


*기네스북에 기록됨.
*6·25 당시 산 속의 굴에서 100일을 단식한 죽마고우가 있음.

## 용냄이

용냄이 지금 어데서
무얼하고 사는가?

해방되고 나는 서당에 다니다가 학교로 가고
자네는 곧장 우리 집 꼴머슴을 그만두고 마을을 떠
났지.

용냄이 우리가 헤어진 지
어언 반세기하고도 7년이
더 되었네, 그저 자네는
말이 없는 사람, 과묵한 편이었지.

큰누나께서 경기도 어데선가
자네 같은 사람은 봤다고 했지만,
사실인지 확인할 길은 막연하고
이제는 자식 며느리 손주 놈에게
옛날 얘기로 꽃피우고 있겠지.

승화된 고통의 어린 시절이
어쩜 달콤한 추억이 되고
있는지 모르겠네 그려

그 때는 자네나 나나
코 흘리던 천진한 어린 시절
지게목발에 솔깽이 나뭇짐
같이 지던 그 시절
날은 춥고 큰 봉재산으로
솔깽이 나무하러 가서
내 손가락 한쪽 잘려나간
그 살점 찾으려 헤매던,
그때를, 지금 기억이
나는지 모르겠네.
피투성이가 되어 귀가했지.

그리고 난 후 나는 어린
마음이라 손가락 아픈 것은 고사하고,
일하지 않고 날마다 노는 것이
그렇게 좋고 제일 즐거웠다네.
자네의 생각도 나와 똑같았겠지. 놀고픈 마음!

용냄이 귀가 길에 벌안*에
나뭇짐 받쳐 놓고, 갈퀴나무
깍지 따먹기, 감자 캐먹기,

외수박 따먹기, 밀보리 구워먹기,
콩 궈먹기 등으로 인해
새까만 손바닥으로 입, 코 싹싹
닦고 나면, 새까만 검둥이 된
얼굴을 서로 마주 보고, 낄낄 웃고서
나뭇짐 지고 귀가하던
그 시절, 그렇게 하기 싫은
일이었지만, 지금은 지나간
하나의 아름다운 추억으로
남아있네그려,
그래서 자네 생각이 더욱 난다네.

용냄이 자네와 나 사이는
유별나게 다르면서 지게목발과
같은 처지였지, 주인이다
꼴머슴이다 하는 그런 주종관계
말일세. 그러나 그 땐 자네나 나나
나이가 어려 그런 의식이
전혀 없었으니까 말일세.

용냄이 무시밥, 자운영 풀밥,
생끼발*, 콩깻묵, 참깻묵 같이 먹던 그 시절,
곰팡이 핀 콩깻묵은 방망이로 두들겨 패도
깨지지 않아 먹지 못하고

참깻묵은 써서 먹지 못하고
내버리는 그 어려운 시절
자네도 지금 생각이 나겠지.
그 때가 일제말엽이었지.
용냄이 어떤 인연으로
다시 만날 날이 있을지 없을지
모르긴 해도, 자네의 무궁한
건강과 행복을 빌겠네.

*벌안 : 묘지 잔디밭.
 생끼발 : 소나무껍질 속 하얀 것(이것을 밥으로 먹음).

## 낭패

남북이
붙으면
살고

떨어지면
생명을
잃는

큰
낭패狼狽라고

※ 一石 이희승 著 『벙어리 냉가슴』에서

## 하늘백이 산골

향기풀 내음
그윽한 풀피리 부는 산골에

피어나는 뭉게구름
적이 한가롭다.

## 도토리묵

1993년 7월 4일!
해인사 경내를 구경하고
숙소로 돌아오는 길이었다.

행인들을 쳐다보며
"떡 사이소, 더덕 사이소, 산딸기 사이
소."를
외치는 아줌마들의 그 곁을 지나다
마침 도토리묵 파는 아줌마 앞에
우리 일행은 두리주저 앉았다.

도토리묵처럼 검게 탄
아줌마의 얼굴, 그리고
그 두툼한 손끝에서
요리되어 나온 도토리묵
한 모에 3,000원이다.

우리는 도토리묵 두 모와
소주 2홉들이 한 병을 사서,
한 잔씩 나누어 마시며,
목을 축이고는 기분을 내고 있었다.

그런데 도토리묵 파는 그 아줌마는
몇 푼을 벌었는지는 모르지만
방긋이 웃으며 기분 좋은 얼굴이다.

이것은 여행 중에서나
맛볼 수 있는 풍미가 아닐까.

## 복슬이

복슬강아지
노는 것을 보면
참 예쁘다.

나는 밥 주는
주인이라서 따르고
따르고

낯선
사람을 보면
왕왕
잘도 짖는다.

## 귀가

외출에서
집에 돌아오면

반가운 듯
꼬리를 회회 저으며
아는 체를 한다.

우리 복슬이
그게 예쁘다.

## 가을

늦은 봄
텃밭에 호박씨를 심고
박콩을 심었다. 그랬더니
새싹이 돋아 나오고 무럭무럭
자라더니만

여름에는
꽃이 피고
가을이 되니
콩줄기에서는
콩이 주렁주렁 매달렸다.

호박넝쿨에는
호박 몇 덩이가
덩실덩실 탐스럽게 열렸다.

그걸 따다가 요리하여
맛있게 먹을 것을 생각하니
군침이 먼저 도는구나.

## 어린이 대공원과 비둘기

판단력이 뛰어나
평화의 상징인가.

비둘기
저 푸른 하늘을
날고 있네

참으로 自遊롭구나.

## 멍충이와 왕왕이

검둥이 이놈은
짖을 줄을 모른다.

낯모른 사람을 보면
짖는 것이 강아지의 속성이다.

그래서 이놈은
짖지를 못하므로
멍충이라 명명을 하고는
멍충아! 멍충아!
하고 불렀다.

그런데 주인을 보고는
가끔 짖는다.
그리고는 나하고 장난치고 놀기를
좋아하거덩.
묘한 강아지다.

헌데 이 멍충이
노는 것을 보면
참으로 평화스럽다.

그런데 이 놈이
요즘은 주인을 알아보고도
짖지를 않고
낯선 사람을 보면은
왕왕! 잘 짖는다.

그래서 이름을 고쳐
왕왕이라 불렀다.

## 어머니의 사랑

어머니의 사랑은
따뜻한 사랑

유언과 무언으로
포근히 안아주는
아늑한 사랑

이승과
저승이
따로 없는
깊고 넓은 사랑
끝없는 사랑

그 사랑 먹고 자란
못 잊을
어머니의 사랑

# 어머니 저승 가시는 그 길

이 세상 모든 것
다 잊으시고
고이고이 잠드셨네

어머니 저승 가시는 그 길
무명옷 한 벌
곱게 곱게 차려 입으시고

꽃깔 하나
곱게 곱게 쓰시고

꽃신 하나
곱게 곱게 신으시고

그리고 꽃가마 타시고
가시는 그 길
겨우 그것뿐.

## 자운영꽃

붉다 못해
보랏빛으로 피었는가
논두렁을 아름답게
수놓았네 그려

그대의 본성을 드러낸
그 빛이 고와
발길을 멈추고 서서
한참 보노라니
그 꽃이 너무 아름다워
그대로 지나치기 뭣해

그 꽃가지 한 송이 꺾어 들고
그 향기를 맡아보는 순간,
향기로운 내음
코가 어뜩.

그러나
그대는 한 때
내 허기진 배를
채웠지.

그 때가

일제 말엽이었지.

## 희컨 쌀밥과 고깃국

어느 날 갑자기
희컨 쌀밥에
고깃국을 주워서
잘 얻어먹고 왔다.

말씀하시던
어머님을 생각하면서

댁이 뉘신지는 모르지만
이 지면을 통해
대신 고마움을 표합니다.

고맙습니다.

# 고려팔만대장경

1993년 7월 4일!

해인사에서 고려팔만대장경을 처음으로 구경을 했다. 이 고려 팔만 대장경은 고종 23년 몽고군의 침입에 대해 우리 민족의 비원을, 부처님의 자비로 격퇴코자 장장 16년에 걸쳐 판각했다는 그 장엄한 고려팔만대장경이다.

아, 이 장엄한 팔만대장경!

이 중 견본 「반야심경」을 보고서 선인들의 뛰어난 솜씨에 또 한번 놀랐다.

# 神과 나

1974년 여름!

정신질환을 치료하기 위해 시내 모 신경정신병원에 입원을 했는데, 고압전기 충격과 약물로 세뇌실험을 당했다. 이로 인하여 하루 오전에 한 번씩 2시간 동안 죽었다가 다시 살아나곤 했다. 이것은 전기고문이다. 나는 이로 인해 이승과 저승을 31일 간을 왕복하면서 원망을 하소연하고자, 神을 만나고 싶었다.

그러나 神이란 형상 그 자체를 찾아볼 수 없었다. 왜냐하면 2시간 동안 죽어 있는 그 시간은 내게는 의식이란 것이 전혀 없었고, '無' 바로 그 것이었기 때문이다. 그래서 평소에 의심했던 신神이라는 것이 확실히 없다는 것을 직접 확인했을 뿐만 아니라 직접 죽음 체험을 통해 본 거기엔 슬픔도 즐거움도 없고, 미움도 사랑도 전혀 없는 곳, 거기엔 오직 아무 것도 없는 '無' 바로 그것뿐이라 는 것을 알게 되었다.

그러므로 신神이란 없다.

인간은 빈손으로 왔다 빈손으로 간다는 것을 한번쯤 생각하고 살 일이다.

# 내가 본 孝

사람이기 때문에 부모님을 잘 모시다가도 짜증이 나고, 하기 싫을 때가 있다. 이 때는 마음이 편치 않다. 그러나 하는 것이다.

이와는 반대로 하고 싶을 때가 있다. 이 때는 마음이 아주 편안하고 즐겁고, 매우 행복하다. 그리고 부모님 마음 편하실 대로 하시게 하는 것, 이것이 곧 孝라 여긴다.

왜냐하면 노인들은 소일거리가 있어야 한다. 그런데 부모님께서 무슨 장사 같은 것, 아니 뭣을 하시려 들면, 먼저 창피 찾고, 체면부터 찾는 것이 자식들의 입장으로 못 하시게 말린다. 이것은 부모님의 소일거리를 막는 일이라 여겨진다.

왁자지껄한 장터에 나가시면 가는 이 오는 이 구경하고 또 뭇사람들과 담소도 하고, 용돈도 손수 벌어 쓰신다는 기쁨과 함께 자식들에게 도움을 주고 또한 활동하고 다니시면 무엇보다 건강에 매우 좋으리라 여기기 때문이다.

이것이 내가 본 孝다.

# 생활보호 대상자

1978년, 내가 살던 동네의 반장과 통장의 도움으로 생활보호 대상자로 선정이 되었다는 말을 어머니로부터 들었다.

그 후 동사무소에서 매월 쌀 한 말과 밀가루 두 포대씩을 어머니께서 타 오셨다. 그런데 그 쌀로 밥을 지으면 죽이 된다. 먹으면 씹히는 맛이 없고, 밀가루는 덩어리진 돌덩이 밀가루가 태반이다.

이 밀가루는 튀김장사도 사지 않는다. 왜냐하면 썩은 밀가루로 튀김을 만들어 팔 수 없다는 것이 튀김장사의 말이라는 어머님의 말씀이다. 그렇다고 밀가루를 버릴 수는 없고 해서, 그대로 부침개를 부쳐 먹기도 했다.

헌데 이 쌀과 밀가루는 몇 년이나 되었는지 모르지만, 사람이 먹을 수는 없기 때문에 정부에서는 동물사료로 사용했다는 것이다. 하기야 풀밥도 먹고 산 적이 있었는데, 그래도 이것은 더 나은 편이다.

그리고 일반 병원에서는 생활보호 대상자라면 이런 천덕꾸러기가 더 없다.

# 어느 노점상 할머니를 보고

상추 조금, 무시 조금, 배추 조금, 이렇게 조금씩 조금씩 늘어놓고 그리고 홍시감도 몇 개 놓고는 오는 사람 가는 사람 지나는 사람마다 쳐다보며 쪼그리고 앉아 계신 어느 할머니 앞으로 다가가서

"할머니 이 홍시감 하나만 주세요." 했더니

"사시려면 5백원어치는 사셔야지요?" 하며 나직이 말씀하신다.

"5백원어치는 몇 개인데요?"

"네 개 줍니다잉."

"그러면 천원어치를 주세요."

하니까, 덤으로 하나를 더 얹혀 주며 아홉 개를 주신다.

이처럼 후하신 할머니. 천원짜리를 내주니 기분 좋으신 얼굴을 하시며 골마니에서 때 묻은 돈주머니를 꺼내시더니 돈을 그 속에 푹 집어넣고는

"집에서 가끙게 가지고 온 것입니다잉."

"어데서 사신데요?"

"청옥동에 삽니다."

"춘추는 어떻게 되셨대요?"

"일흔 둘입니다." 하신다.

아직은 건강해 보이신 할머니. 이렇게 장터에 나오면 건강에도 좋고 용돈도 벌어 쓴다고 하시며 자식들이 준 용돈으로는 부족하다고 하신다.

자식들은 객지로 다 나가고 없고, 집에는 영감님만 혼자 계신다는 할머니.

갈퀴 같은 손등에 얼굴에는 주름살이 촘촘하다. 이는 우리네 농촌의 어머니들의 삶의 모습이 아닐까.

# 산골마을

산새들이
노래하고

맑은 시냇물
흐르는 계곡에는

빨래하는
아낙네들의
방망이
장단소리가 흥겹다.

외양간 핑경*소리
흙담 너머로
은은히 들려오고

석양 노을에
뭉게구름
피어나듯이

마을에 연기 나네.

*소귀에 달아놓은 방울, 딸랑이.

## 봄 내음

정신병원
뒤뜰에

사뿐히
불어오는
남동풍

내 볼에
살며시, 그리고

향긋한
솔잎을
스친다.

실습 나온
간호학생들이
번뜩이는
예쁜
예지의 눈에도

봄내음
가득히, 그리고
신고
찾아왔나 보다.

## 십자매

나는 나의 고향인
저 푸른 하늘을
自遊로이 날고 싶다.

그러나 나는 지금
정신병원의 새장 속에
갇힌 신세가 되었다.

그래서 나는
이 새장으로부터 해방되어
저 푸른 하늘을
自遊로이 날고 싶어

날개를 이리저리
파닥거리며, 아무리
저항을 하지만
날 수가 없네 그려.

그러나
포기는 금물

# 전자충격기의 횡포

현대사회는 정보화시대다. 그래서 감시와 해방의 두 측면이 있는데, 이에 따른 전자충격기는 선량한 국민을 괴롭히는 한편 도둑놈 잡는데 사용토록 되었다. 그런데 도리어 선량한 국민을 괴롭히는 폭력 도구로 역전된 현상을 국민들은 과연 무어라 말할까? 이는 야만 국가에서나 하는 야만적 행위다.

지금은 그 정체가 세상에 완전히 공개되어 이 전자충격기를 모르는 사람이 없을 터이지만, 이것을 모르고 괴롭힘을 당했던 과거 1963년까지 소급한다면, 그 천인공노할 만행이 이제 백일하에 드러난 것이다.

특히 이는 문민정부와 국민의 정부에서 사상 유래가 없는 전자충격기의 횡포가 가장 심하게 자행되었는데, 이 전자충격기로 지지고 볶으고 찜질하면 과연 어떤 증상이 나타나는가?

첫째, 중추신경의 장애로 인해 자발성이 없게 되므로 왜곡 행위를 유발할 뿐만 아니라 기氣를 꺾고, 얼굴을 붉게 하여 말을 못하게 괴롭힌다.(모르면 적면공포증)

둘째, 책이나 신문을 혼동하여 판단 불능이다. 그래서 이해가 안 되어 일체 볼 수가 없고, 그뿐인가. 석두石頭를 만든다.

셋째, 밤이면 잠을 못 자게 무척 괴롭힌다. 깨어보면 가슴이 뜨겁다.

심하면 아침에 코와 입에서 약간의 핏덩이가 섞여 나온다.

넷째, 심하면 꽉꽉 숨이 막히고, 머리 골이 패고, 나중에는 편두통은 물론 불면증으로 고생한다.

다섯째, 사고가 끊기고(사고저해 ; Blocking) 건망증세로 인해 생활이 어렵고, 기억이 지워진다.

여섯째, 따라다니며 지지고 볶으고 찜질하므로 이런 생지옥이 없다. 뿐만 아니라 독극물까지(92. 9월 말경)

일곱째, 독극물(환각제)과 전자충격기는 정신질환의 외적원인이다. 특히 전자충격기는 재발의 원인이 된다. 왜냐하면 전자충격기는 사람의 기를 꺾기 때문에 자신감을 배제한다. 그러므로 재발의 원인이 되는데, 이는 체험을 통해서 알게 된 것이다.

여덟째, 비폭력상 및 노벨 평화상을 수상한 인권대통령과 인권국가에서 지금도 이런 인권탄압이 웬 말이냐?

# 첫 봉급

　1957년 2월 광주사범대학(현 광주교대) 체육과를 졸업하고 4월 10일
자로 전라남도 보성군 모 면소재지 중학교로 발령을 받고 부임했는데,
학교 건물은 창고(판잣집)를 뜯어 고쳐 흙바닥에 책상과 걸상만 들여놓
고 수업을 하는 학교였다. 학생 수는 전교생이 겨우 150명 미만이었다.

　그런데 필자가 가르쳐야 할 담당과목은 필자의 전공인 체육이 아니
라 지리를 맡게 되었다. 지리를 맡게 된 것은 마침 지리 담당 교사가 가
정 형편으로 그만 두게 되었기 때문인데, 필자의 전공이 아닌 지리를 가
르치려니 그 고통이 이만저만이 아니었다. 말로는 형언키 어렵다.

　매일 퇴근하면 다음 날 가르칠 수업 안을 작성하기 위하여 밤샘을 할
정도로 참고서 등을 뒤적이며 공부를 해서 일년 동안을 가르치고 나니
그 고통의 보람이 있어, 우리나라 지리는 물론 세계 지리가 조금은 필자
의 머리에 입력이 되었다.

　그후의 수업은 각 학년마다 이미 노트로 정리되었기 때문에 별로 어
렵지 않았다. 그래서 담당과목을 지리로 변경하려고 그 자격고시 기회
를 보다가 끝내 갖지 못했다.

　그런데 그 해 한 달 첫 봉급을 받았는데, 지금처럼 돈(화폐)으로 수령
한 것이 아니라 안남미쌀(월남쌀) 한 말과 보리쌀 두 되를 받았다. 이를

시장에 내다 팔았는데, 겨우 320원이었다. 여기에서 300원을 하숙비를 지불하고 나머지 20원을 가지고 고무장화를 한 켤레 샀다.

장화를 산 까닭은 하숙집에서 학교 가는 출근길이 논두렁 밭두렁이기 때문에 아침 이슬을 떨고 학교에 오면 바짓가랑이가 척척했다. 그래서 장화를 산 것인데, 비단 필자뿐만 아니라 교장 선생님을 비롯해서 직원 모두 장화 아니면 반장화를 신고 출근했다.

그 뿐만 아니라 새 교사를 신축하기 위해 시골길을 누비며 학부형 집집마다 방문하여 교사신축에 모금을 독려하기도 했는데, 이 기간은 내 젊음의 열정을 다 쏟았던 세월이었다.

지금 생각하니 그 때가 아스라이 삼삼하다. 필자의 사회생활의 첫발은 이렇게 해서 시작되었다.

# 벽보 주필

　6·25 한국전쟁 당시 나는 광주농업중학교 2학년에 재학 중이었으므로 1950년 9월 1일 개학일이 되어 멋도 모르고 학교에 갔는데, 별채가 교실인 그곳에 2~30명이 모여 있었다.

　그런데 나보다 1년 선배(3학년)인 지○섭이 앞에 서서 목소리를 높이고 있었다. 기억이 잘 나지 않지만, 지금 생각하니 소년단 행사였던 것 같다. 그런데 누구는 무엇, 또 누구는 무엇 하는데, 내 옆에 앉아있던 나와 동급생인 지○성이 벽보 주필을 지명했다. 이를 지선배가 메모하는 것을 봤다.

　그때 당시 나는 벽보 주필이 무엇인지도 잘 모르는 생소한 말이었다. 지금 알고 보니 삐라를 붙이는 책임자였던 모양이다.(주필이므로) 그리고는 각자 헤어져 집으로 갔다.

　그 후 얼마 안 있다가 수복이 되어 학교에 등교할 사람은 등록을 받는다고 하기에 또 멋도 모르고 학교갈 욕심으로 등록을 받는 곳 유동목재소(유동다리 부근)에 등록하러 갔다.

　그런데 동록을 받는 사람은 5학년인 경이라는 선배가 의자에 앉아있었다. 그 곳에는 나와 동급생인 백○기란 친구가 먼저 나와 있었는데, 그 친구가 경이란 선배에게 무슨 말을 했는지 잘 기억이 나지 않지만,

느닷없이 방망이를 들고 사정없이 머리를 때리니 즉시 머리가 터져 피가 낭자했다.

그때 내가 그 선배 앞에 나아가 자초지종을 얘기하려는데, 벽보 주필이란 말만 듣고, 또 느닷없이 필자의 머리를 방망이로 강타했다. 그래서 말을 끝내지 못했다. 다만 그렇게 맞았어도 머리는 터지지 않았다.

이처럼 아무런 죄도 없이 두들겨 맞고 집에 왔다. 너무도 억울하단 생각에 집에서 엉엉 울었다. 머리는 퉁퉁 부어 혹이 생겼다. 그래서 수업에 지장이 많았다.(양작용설) 머리가 맑지 못 하고 항상 멍멍했기 때문이다.

이 같은 일이 있은 후 다른 친구들은 교실에서 수업을 받고 있었지만, 우리 같은 학생들은 수업은 받지 못하고, 선생님들의 관사에서 일주일간 합숙을 하며 매일 한 번씩 운동장에서 훈련을 받으며 뛰어다니는데, 얼마나 창피했는지 모른다.(친구들은 교실에서 내다보고, 아무런 죄도 없으면서)

그 후 선생님(고 2, 3 담임 선생님)의 인솔 하에 지금의 동부경찰서(광주)에 무슨 자수서류를 낸다고 하기에 선생님을 따라 동부경찰서까지 갔다. 당시 필자는 자수란 말이 무엇인지도 몰랐다.

광주사범대학 체육과를 졸업한 후 직장생활을 하면서 신원증명이 필요하여(전남도교육위원회 근무시) 마침 전라남도 경찰국에 아는 지인이 있어 부탁을 했다.

그런데 그 지인이 하는 말이 무슨 소년단인가에 기록이 있다고 했다. 나는 아무 일도 없으니 걱정말고 떼어달라고 했다. 그렇게 하여 깨끗이 정리하여 제출한 바 있었는데, 이같이 아무런 죄도 없는 것을 임의로 조작해서 만들어 놓았으니 참으로 기가 막힐 노릇 아닌가.

이는 당연히 국가에서 지금까지 당사자에게 정신적 육체적으로 고통을 주었으므로, 깨끗이 말소해주고 거기에 더해 55년 간 입었던 피해에 대해서 국가에서 배상해야 될 것이다!

# 존경하는 숙부님

1950년 6월 25일 사변으로 온 집안 친척들이 돌아가신 줄로 알고 있었으므로, 한 다리가 만리라는 속담처럼 숙부님에 대해선 아예 관심 밖이었다. 그런데 1971년 갑자기 북한에서 귀순하셨다는 소식을 듣고, 도무지 곧이 듣기지 않았다.

처음 서울에서 숙부님을 뵙고 이것이 생시인가 꿈인가 했다. 그러나 정녕 꿈이 아니었다.(서울 면회)

존경하는 숙부님, 잊지 않고 있습니다.

필자가 절망에서 헤어나지 못할 때 하늘이 무너져도 솟아날 구멍이 있다는 그 따뜻한 한 말씀은 필자로 하여금 꿈과 희망을 주었던 것입니다. 숙부님. 평생을 두고 잊지 못할 것입니다. 고맙습니다.

# 항일운동과 외숙

일제 강점기 필자가 어렸을 때 외가에서 외숙을 한번 뵌 적이 있다.

오전 중이었는데 외숙께서 장기판을 놓고, 차와 포, 졸 등의 행마에 대해 자세하게 가르쳐 주신 기억이 있다. 그리고 그 후부터 외숙을 뵙지 못했다.

그 후로 외가에 갔는데, 목포형무소에 면회를 가신다며 외할아버지 께서는 흰 두루마기에 갓을 쓰시고, 외할머니께서는 흰옷을 입으셨는 데, 두 분께서 무슨 보퉁이를 들고 이고 가신 것을 보았다. 나중에 알고 보니 그 보퉁이는 삶은 닭이었다고 한다.

왜놈들의 고문형태는 역시 보고(책) 들은 바와 마찬가지였다. 물고 문, 고춧가루 고문, 천장에 거꾸로 매달아 놓고, 코에다 고춧가루 물을 주전자로 막 퍼붓는 등 그 악형은 여기에 다 나열할 수 없다. 외가에서 들은 말이다.(외할머니로부터 들음)

마침내 1945년 8월 15일 조국의 해방과 함께 출옥하셨는데,  이제는 사회(공산)주의 운동을 하시다가 체포되어 다시 목포형무소에서 수감 생활을 하시게 되었는 바, 법정에서 재판을 못했다고 한다.

왜냐하면 재판석 책걸상 등을 발로 걷어차 법정이 아수라장이 되어 재판을 할 수 없는 형편에 이르자, 고등법원이 있는 대구형무소로 이송

되었다는 것이다.

그 후 6 · 25 당시 후퇴하면서 사형이 집행된 것으로 알고 있다.

이것은 좌우대립의 냉전 체제 하에서 빚어진 동족상잔의 비극이라 여기지만, 이는 김구 선생이 말씀했던 바와 같이 우리나라의 통일된 철학(이념)이 없었기 때문에 빚어낸 불행한 역사가 아닐까?

그러므로 이제 우리는 인류의 문제를 해결 못한 이 편견되고 낡고 병든 사회(공산)주의와 자본주의적 自由주의는 당장 폐기 처분하여 쓰레기통에 싹 깨끗이 치워버리자. 그리하여 새 역사 창조를 위해 우리가 사는, 홍익인간의 自遊이자 만유생성의 근본원리의 自遊로 나아가 우리의 소원인 남북통일은 물론 세계평화를 실현하자.

제4부

# 미발간의 自遊의 도난

# 햇볕정책의 허구

2003년 6월 15일!

남북정상회담 제 3주년을 맞이하여 김대중 대통령과 소설가인 김주영과의 대담을 TV를 통해 보았다. 이 대담에서 김대중 대통령은 햇볕정책은 '서로 햇볕정책'이라며 이는 곧 평화정책이라 했다.(포용정책) 따라서 이는 상생의 정치와 대화와 타협 그리고 평화공존이라 했다.

햇볕정책이 햇볕과 강풍(한완상)으로만 알고 있었는데, 본 회담을 듣고서야 비로소 이 햇볕정책의 내용이 둔갑한 것을 알고 깜짝 놀랐다.

왜, 이렇게 갑자기 둔갑했나? 이는 뻔하다.

이는 미발간의 자유여동自遊女童을 도용했기 때문이다.

그런데 이 햇볕정책을 국민들보다 오히려 외국 정상들이 먼저 더 잘 알고, 햇볕정책 지지한다! 햇볕정책 지지한다! 했던 것을 보면 참으로 소가 웃을 일이다.

# 대화와 타협이란 무엇일까

요즘 들어 대화와 타협이란 말이 무척 많이 사용되고 있다. 대화란 말(logos)이 없고서 대화란 있을 수 없다. 타협 또한 말이 없다면 포기도 변경도, 그리고 합력도 있을 수 없다. 이처럼 말하는 사람과 듣는 사람, 묻는 사람과 대답하는 사람의 피차간의 대화성에 그 기반이 있다.

그런데 요즘 무척 많이 사용되고 있는 이 대화와 타협이란 말의 그 출처는 어딘가? 이는 분명히 미발간의 自遊여동의 초안에서 나온 것이라 확신한다.

왜냐하면 自遊의 초안을 쓸 때 함께 사는 방법으로서 말과 글 그리고 평화적 시위방법을 쓴다고 했는데, 그런데 이 自遊의 초안을 김영삼 정권 당시 도난당했으며(1995년), 따라서 필자가 집을 비우면 나의 방은 사찰정보원들의 안방이므로 이는 김대중 정권 때도 뻔할 뻔자라고 여기기 때문이다.

이 대화와 타협이란 말은 상생의 정치(평화공존)와 동시에 김대중 대통령이 '햇볕정책'에서 이미 사용한 바이다.(2003. 6. 15 회견)

2002년 초 임동원 특보는 김대중 대통령의 특사로서 김정일 국방위원장을 만나고 돌아와 제주도 섬으로 가서 내외신 기자들과 회견을 했는데, 앞으로 북한은 반드시 대화와 타협의 장으로 나올 것이라고 확언

했다.

그 얼마 후 북한에서는 이에 대한 답으로 대화와 협력이라 했고, 또한 우리 한국에서는 이에 대한 답으로 대화와 화합이라고 화답한 바 있다. 그런데 참여정부의 노무현 대통령은 2003. 2. 25. 대통령취임석상에서 DJ의 햇볕정책을 계승한 바 평화정책을 세계만방에 선포하고, 그 실천 덕목의 일환으로 대화와 타협을 제일로 내세운 바 있다.

그러므로 노무현 대통령 또한 DJ의 햇볕정책을 탈피하지 못한 등신에 불과하다.

# 풍류가 '논다'고?

　풍류가 논다고 쓴 책은 전북 모 대학교 辛○경 국문학 교수가 한문으로 '風流'라는 제목 하에 東洋美學의 根源이라는 부제를 붙여 쓴 책이다.(1000페이지 정도)

　辛교수는 이 책에서 풍류가 '논다'는 것은 우리나라 국어사전에 풍류가 속된 일을 떠나서 풍치 있고 멋스럽게 '노는' 일로 쓰여 있기 때문에 풍류가 '논다'고 했다. 그는 다만 이렇게 썼을 뿐이다. 참으로 기찬 발상이다. 귀신도 격절탄상할 일 아닌가?

　그런데 辛교수는 이 책에서 풍류의 근원이 중국이라 했다. 그리하여 우리나라를 경유하여 일본으로 건너갔다 했으므로 風流→韓流→日流가 성립된 것이다. 따라서 이 책은 12. 16 초판과 2000. 9. 4 재판을 발행했는데, 박○원 문화관광부장관이 이 책을 우량도서로 추천까지 했다.

　또 하나는 한겨레신문 2003. 7. 3일자를 보면 유교적 풍류의 도시철학이라 쓴 기사가 있다. 이는 서울 청계천 복원을 기하여 김○옥이 청계천이야기라는 책을 써낸 모양이다. 그런데 김○옥은 2003. 7. 3 밤 10시 KBS 'TV, 책을 말한다'에 출연하여 풍류를 기氣라면서 풍류가 '논다'고 하며 예술이라 했다.

　헌데 김○옥은 2000년 중반경, 교육방송을 통해 노자 도덕경을 강의

하면서 자기 철학을 기철학, 몸철학이라고 하면서 자율은 이성이며 합리적이며 로고스라 했는데, "自由는 이성명령에 복종하는 것이다"라고 한 바 있다.

또 하나는 광주매일신문 2003. 7. 24일자를 보면 빛고을 서구문화원 김○회 사무국장이 기고한 기사다.

그는 '풍류와 여름나기'라는 제목 하에 풍류는 빈둥거리며 '노는' 소모적인 짓이 아니라 '잘 놀수록 생산적이다'라고 했다.

필자의 자유의 초안의 '놀이와 自遊는 무엇이 다른가'라는 그 항목을 참고하기 바라고 본 초안은 1995년 도난당한 바 있다. (김영삼 대통령, 비폭력 상 수상)

위의 글들을 보노라면 모두 다 필자의 自遊를 도용한 것이 분명하다.

# 김대중 대통령의 놀자판

노벨 평화상을 수상한 김대중 대통령은 완전히 놀자판이다. 그런데 놀이라면 부富의 생산이 없으므로 특별한 관심과 연구를 해온 학자들 말고는 사실 이 놀이는 학자들로부터 무시당해 온 것이 오늘날의 현실이다. 더더구나 우리나라에서는 놀이에 대한 관심과 연구는커녕 겨우 외국의 서적을 번역해 내는 것이 고작이었다.

필자 또한 놀이에 대해서는 사실 아예 관심 밖이었다. 그런데 필자가 세계 최초로 自遊를 창조하고부터 自由와 自遊를 비교, 연구하면서 놀이에 대해 특별한 관심을 가지고 연구하게 되었다.

그리하여 시간의 여신인 自遊여동이 변증법적 생성 원리라는 것을 세계에서 최초로 발견했다(헤라클레이토스 단편 : 52와 100). 이는 만유생성인 '만물은 흐른다'와 自遊가 일치한 것이다. 즉 우주의 본체인 시간이 곧 自遊인 것이다.

사실 호모루덴스의 저자 호이징기를 비롯해서 이를 비판적으로 계승한 가장 현대적인 로제 카이와는 물론, 세계에서 많은 학자들이 이 놀이를 연구했으면서도 지금껏 그 누구도 이 놀이가 곧 만유생성원리라는 것을 파악한 학자는 단 한 사람도 없었다는 것은 주지의 사실이다.

그러므로 필자 이외에 세계에서 아무도 없었다는 것이다. 이는 또한 필자가 지금껏 책을 통해 본 바에 따른 확신이다.

그런데 더더구나 우리나라에서는 놀이에 대해서 관심과 연구는커녕 쳐다보지도 않았던 작자들이 이제 와서 갑자기 풍류가 또는 음악이 '논다고(?)' 떠들어대니 소가 웃을 일이다! 그리고 태극이 제2 건국이고(?) 춤이 어쩌고저쩌고 떠들어대는 이 가짜들의 꼴불견을 보고 있노라면 참으로 이런 가관이 없다. 따라서 세계에서 유일하게 왜, 우리 대한민국에서 만이 갑자기 무슨 놈의 놀자판이 이다지 많은가?

그 이유는 무엇인가?

이는 뻔하다. 미발간의 필자의 自遊를 강제로 뺏어다가 대통령은 이를 도용해서 세계를 주도한 대사기극을 연출했기 때문이다. 이것이 바로 '서로 햇볕정책'인 바, 국민들에게 공개도 못한 이 햇볕정책! 소가 웃을 일이다.

그러면 이제 自遊를 도용한 놀자판의 예를 들어 보자.

달마야 놀자, 이는 영화로 제작하여 홍콩으로 수출까지 했고, 여성계 간지인 〈이프if〉지는 그 좌우명이 웃자 · 뒤집자 · 놀자다.

그밖에 영화야 놀자, 영어야 놀자, 달님아 놀자(만화), 문화야 놀자(전남일보), 놀아주는 그림책, 썸머댄스, 부사케서 놀자, 孝야 놀자, 학교야 놀자(2003. 10. 31 밤 10시 KBS), 놀이노래, 스케이트야 놀자, 정치야 놀자 등 이루 헤아릴 수 없이 많다.

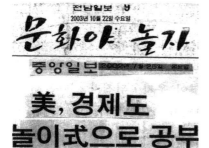

김대중 정권 시절 신문광고란을 장식했던 이른바 '놀자판' 광고들.

# 김대중 노벨상 무자격론

비폭력상을 수상한 김영삼 대통령은 안 싸우고 이긴다면서 경쟁적 협력과 협력적 경쟁을 외치며, 세계를 주도했다. 그리고 윈윈도(게임이 론전성기).

그런데 자유인권상과 노벨 평화상을 수상한 김대중 대통령은 햇볕 정책이 곧 서로 햇볕정책이며, 평화정책이라면서 상생의 정치와 대화와 타협 그리고 평화공존이라 했다.

그리하여 이 햇볕정책으로 세계를 주도했다. 따라서 2002년 2월경에는 이희호 여사가 김대중 대통령을 대신해서 유니세프unicef에서 평화아동에 대해 발표한 바 있었는데, 이후 여동女童은 김대중 대통령의 단골 메뉴가 되었다.

그리하여 이 여자아이는 우리나라 대선 기간 동안(2002. 11. 27~12. 19) 이회창, 노무현, 권영길, 정몽준 대통령 후보들은 물론 그 전쟁 와 중에(2003. 4. 7) 이라크의 사담 후세인 대통령까지도 이 이자아이를 안고 국민들 앞에 서 있었다. 필자는 그 모습을 TV화면을 통해 보았다 (MBC).

중앙일보 2002년 11월 7일자 신문을 보면 한 여자아이가 퍼스트레이 디라며 조지 부시대통령에게 "아저씨, 악수해요."라고 적힌 팻말을 들고 부시 대통령 앞에 서 있다. 이것은 바로 온통 세계가 自遊여동에 대한 도용 천하가 되었다는 증좌다.

　여기에서 꼭 하나 더 부연하자면 비폭력상을 수상한 김영삼 대통령은 노벨평화상 수상 예정자인 김대중 대통령에게 "폭력정치를 한 자에게 무슨 놈의 노벨 평화상인가? 잘못 줬으니 되돌려 줘야 한다"고 했다.

　그런데 김대중 대통령의 노벨평화상의 주제가 자유다. 그렇다면 이자유는 무슨 자유일까? 自由일까? 自遊일까?

　"가짜 청산!"

김대중(왼쪽)과 김영삼.

# 달마야 놀자와 땡추

평소 스님을 존경했던 필자는 2002. 10. 4 오후 빛고을 산수동 오거리에서 어느 젊은 여승을 만났다. 더구나 밀짚모자를 쓴 그 젊은 여승은 참으로 인상이 좋았다.

그래서 그 여승에게 自遊詩가 적힌 나의 명함을 줬는데, 잠시 보고는 되돌려 주기에 "가지십시오. 평화의 自遊입니다."했더니 그냥 역정을 내며 "기독교 자유!"라 하기에 "왜 그러십니까?" 하고 되물으니 이번에는 다짜고짜 필자에게 "사기꾼!" 하며 버럭 성을 내는 것이다.

이에 참을 수 없어 "에잇 땡추야!" 했더니 그대로 쏜살같이 바로 앞 가게로 들어가 버렸다. 가짜들이 오히려 큰소리친다. 이런 적반하장이 없다.

그러면 그 젊은 땡추 여승은 왜, 기독교 자유!라고 했을까? 이것은 自遊를 쓰고 다녔다는 증좌이고, 따라서 '달마야 놀자'는 自遊를 도용한 것이다. 그런데 달마야 놀자는 영화로 제작하여 홍콩으로 수출까지 했다. 참으로 소가 웃을 일이다.

# 한류韓流

전북 모 대학교 신○경 국문학 교수는 이 풍류가 '논다'고 하면서 한자로 '風流'라는 제목을 붙여 책을 써 냈다.

필자는 이 책을 2001. 11. 24. 광주시립 모 도서관에 신간도서들이 비치된 책장에 진열되어 있는 것을 우연히 발견하고 직접 본 책이다. 그런데 이 어찌된 영문인가? 필자가 본 뒤 곧바로 싹 치워버려 지금은 이 책을 다시는 볼 수 없다. 왜, 치워버렸을까?

신교수는 이 책을 한자로 風流라는 제목 하에 '東洋美學의 根源'이라는 부제를 붙여 재판까지 냈는데(2000. 9. 14) 박○원 문화관광부 장관은 이 책을 우량도서로 추천했다.

따라서 신교수는 이 책에서 風流가 '논다'는 것은 우리나라 국어사전에 풍류가 속된 일을 떠나서 풍치 있고 멋스럽게 '노는' 일로 쓰여 있기 때문에 풍류가 '논다'고 썼다.

참으로 기막힌 발상이다. 귀신도 감탄할 일 아닌가? 신교수는 "풍류의 근원은 중국이며, 우리나라를 경유하여 일본으로 건너갔다"고 했으므로, 華流→韓流→日流의 공식이 성립한다.

그런데 한류韓流는 중국어사전에 등재까지 되었다. 따라서 젊고 부유한 엘리트층의 상징인 파파족派派族까지 등장했다. 이 파파족은 보보스

BOBOS란 말은 Bourgeois와 Bohemian의 약자라고 한다. 이 무슨 망발인가? 이것은 본 自遊를 도용한 강도짓이다.

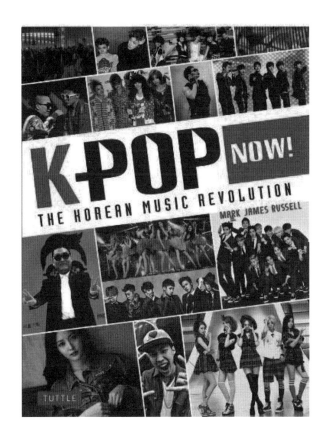

# 노벨평화상과 전쟁

김대중 대통령은 전쟁과 평화 중 어느 것을 선택했는가?

노벨 평화상을 헌신짝처럼 버리고 아프가니스탄에 대한 전쟁을 선택했다. 그러므로 이것은 세계 인류에 대한 우롱이요, 기만이다. 때문에 노벨 평화상은 반환해야 한다.

그런데 이 어찌된 영문인가? 노벨 평화상을 헌신짝처럼 버리고 전쟁을 선택한 처지에서 2002. 2월경에 이희호 여사는 김대중 대통령을 대신해서 unicef에서 평화아동에 대해 발표하는 촌극을 연출하기도 했다. 참으로 소가 웃겄다.

# 이라크 전쟁과 평화정책

2003년 3월 20일 마침내 미국의 부시대통령은 UN의 결의를 무시하고 이라크에 대한 전쟁을 개시했다. 이것은 미제국주의적 동물적 야만적 악의 自由의 그 속성이 적나라하게 또 한번 여지없이 드러낸 야만적 침략전쟁이다. 그런데 부시대통령은 이 같은 침략 전쟁을 自由를 위한 해방전쟁이라 했다.

참으로 이런 아이러니가 어디 있나? 진정 이 침략전쟁은 自由를 위한 해방전쟁일까? 아니다. 이것은 분명히 세계 인류에 대한 일종의 사기 행위다. 그런데 우리나라 노무현 대통령은 이러한 야만적 침략전쟁을 어떻게 지지할 수 있단 말인가?

우리나라 헌법 제 5조 제 1항을 보면 세계평화에 기여하고 침략 전쟁은 부인한다고 했다. 따라서 2003년 2월 25일, 노무현 대통령은 취임석상에서 필자의 자유를 도용한 DJ의 서로 햇볕정책을 계승한 바 이 평화정책을 세계만방에 선포하고, 그 실천덕목으로 대화와 타협을 제일로 한 바 있다. 그러므로 이 침략전쟁에 대한 지지선언은 평화정책과 앞뒤 안 맞는 모순이요, 무지한 국민과 세계 인류에 대한 기만이다. 뿐만 아니라 이는 우리나라 대한의 즉, 풍류한역의 상생적 홍익인간 곧, 선인단군조에 대한 배신이다.

그러니 노무현 대통령은 이 침략전쟁에 대한 지지선언과 파병을 즉각 철회하라! 그래야 남북통일은 물론 세계평화 또한 실현되지 않을까?

우리는 이의 실현을 위해 동물적 욕망의 악의 自由로 자본주의 문화병으로 신음하고 있는 세계 인류를 구제하기 위하여 폭력을 맘대로 하는 악의 自由를 당장 폐기처분하고, 만유생성원리인 평화의 自遊로 당장 바꿔(歸一)야 한다. 그리되면 바로 보복의 악순환은 종식되고, 네가 살고 내가 사는 길이 될 것이다.

# 사담 후세인 대통령과 여동女童

2003년 4월 7일!

그 전쟁 와중에 이라크 국민들 앞에 여동女童 즉, 여자아이를 안고 서 있는 사담 후세인 대통령의 그 모습을 TV를 통해 세계 인류는 보았을 것이다. 필자 또한 그 TV화면을 보았다.(MBC)

물론 이는 생성변증법적 시간의 여신이 自遊여동을 상정한 것이다. 그러므로 이는 필자가 自遊를 창조하고 연구해 온 自遊의 여신을 도용한 것이 분명하다(自遊 미발간).

이 뿐만이 아니라, 2002년 11월 27일부터 12월 19일까지 우리나라 대선기간 동안 이회창, 노무현, 권영길, 정몽준 대통령 후보들이 이 여동을 안고, 국민들 앞에 서 있는 그 모습을 국민들은 TV를 통해 똑똑히 보았을 것이다. 이 또한 自遊의 도용 아닌가?

이와 같이 우리나라 뿐만 아니라 온통 세계가 自遊에 대한 도용 천하가 되었다. 그러면 왜 이렇게 自遊여동에 대한 도용 천하가 되었으며, 남동男童에서 여동女童으로 바뀌었을까? 이것은 뻔하다. 왜냐하면 필자가 自遊를 창조하고 연구해 온 그것을 써만 두면, 사찰정보원들이 나의 방을 자기들의 안방처럼 드나들며 죄다 빼내어 대통령에게 갖다 바침으로써 김대중 대통령이 이를 쓰고 다니며 세계를 주도했기 때문이다.

그래서 오늘날 세계가 온통 自遊의 도용 천하가 된 그 연유가 바로 여기에 있다. 따라서 남동에서 여동으로 바뀐 것 또한 바로 본 自遊에서 연유함을 우리는 분명히 알아야 할 것이다.

왜냐하면 이는 2002년 2월경, 이희호 여사가 김대중 대통령을 대신해서 유니세프에서 평화아동에 대해 발표한 바 있었는데, 이 발표 이후 이 여동 즉, 여자아이는 김대중 대통령의 단골 메뉴가 되어 온 천하에 그 모습을 드러내기 시작했기 때문이다.

또한 김대중 대통령은 서로 햇볕정책에서 상생의 정치, 대화와 타협, 그리고 평화공존 이것이 곧 평화정책이라 했다.(2003. 6. 15 김주영과의 회견)

"권력은 짧고 인생은 길다."(박철언) 가짜 청산!

# 조지 부시 대통령과 여동女童

중앙일보 2002년 11월 7일자 신문을 보면, 한 여자 아이가 "대통령 아저씨, 악수해요!"라고 적힌 팻말을 들고 부시 대통령과 나란히 서 있다. 이것은 미발간인 自遊여동의 도용이 아닌가?

# 정치도 스포츠도 여동<sup>女童</sup>판

앞서 밝혔듯 2003년 4월 7일 이라크 사담 후세인 대통령은 그 전쟁의 와중에서도 여자아이를 안고 국민들 앞에 서 있었다. 그런데 중앙일보 2002년 11월 11일자를 보면 한 여자아이가 '대통령 아저씨, 악수해요'라고 적힌 피킷을 들고 부시 대통령 앞에 서 있다. 그리고 우리나라 대선 당시(2002. 12)는 이회창, 노무현, 권영길, 정몽준 등 대통령 후보들이 또한 이 여동을 안고 국민들 앞에 서 있었다.

여동의 등장은 비단 정치적 행사에만 있는 것이 아니다. 제14회 아시아경기대회(부산) 개막되기 전 먼저 2002년 9월 5일 오전 9시 한라산과 백두산에서 동시에 채화된 이 성화는 2002년 9월 7일 오전 임진각에서 합화되었는데, 한라산 백록담에서 채화된 성화 봉송 첫 주자는 마라도 가파초등학교 마라분교 김혜지(8세) 양이었다. 그 여동은 성화를 들고 300미터를 달렸다. 이는 본 대회 역사상 유례가 없는 일이다.

이와 같이 우리나라 뿐만 아니라 온통 세계가 自遊여동 천하가 되었다.

# 제14회 아시아경기와 여동

　제14회 아시아경기대회는 우리나라 항도 부산에서 개막(2002. 9. 29. 오후6시)되기 직전 성화가 2002년 9월 5일 오전 9시 한라산 백록담과 백두산에서 동시에 채화되었다. 이 성화는 2002년 9월 7일 오전 임진각에서 합화되었다.

　그런데 한라산 백록담에서 채화된 성화 봉송 첫 주자는 마라도 가파 초등학교 마라분교 김혜지(8세) 양이 성화를 들고 300여 미터를 달렸다. 이는 지금까지 어느 세계대회에서도 유례가 없는 일이다.

　따라서 시간의 여신을 뜻하는 이 自遊여동(김혜지 양 8세)은 우주의 본체 즉, 원리로서 생성변증법적 自遊의 여신이다. 그러므로 自由의 여신과는 그 본질이 다르다.

　왜냐하면 自由는 그 자체가 자유여동이 아니므로 생성원리가 될 수 없기 때문이다. 놀자라면 自遊여동을 도용한 강도짓이다.

# 도널드 트럼프 대통령은 말했다

'나는 놀지 않았다.'고

2018년 5월 26일 오후 6~7시 TV뉴스에서 말했다.(YTN연합뉴스)

그런데 2018년 6월 12일 오전 9시(현지시간) 싱가포르에서 도널드 트럼프 미국 대통령과 김정은 북한 국무위원장간 역사적인 정상회담을 했다.

이에 두 정상 사이에 놀았는지 안 놀았는지는 그건 잘 모르겠다.

도널드 트럼프와 김정은.

# 2002 FIFA 월드컵

2002 FIFA 월드컵은 지금까지 유례가 없는 한국과 일본의 양국 공동 개최다. 또한 선수들이 경기장에 입장할 때마다 아동들의 손을 맞잡고 입장하는 것이 역시 유례 없는 특이한 광경이다.

특히 우리 한국 대 미국의 경기에서 반미에 대한 돌발적 사고가 있을지도 모른다는 우려 때문에 대통령이 참석치 않았다. 이것은 우리나라를 대표하는 대통령이 운동경기마저도 미국의 눈치를 보느라 응원도 못하고 청기와에 앉아서 TV를 시청하고 있는 그 모습이란 참으로 멋쩍은 데가 있었으나 우리 붉은 악마들의 열광적인 응원과 16강이라는 염원 속에 경기는 드디어 시작되었다.

그런데 뜻밖에도 미국이 먼저 한 골을 넣었다. 그러나 우리 붉은 악마들과 하나가 된 겨레는 승리의 기대를 저버리지 않고, 더 열심히 열심히 목이 터져라 필승 코리아를 외치며 응원한 보람이 있어 마침내 안정환의 회심의 동점골이 터졌다.

이 환희! 오, 대—한민국! 이 함성! 천지는 진동했고 열광의 도가니 속에 온 겨레는 그야말로 하나가 되었다. 또 안정환의 동점골 세레머니와 함께 솔트레이크시티에서 개최된 동계올림픽에서 김동성 선수의 승리를 가로챈 미국의 오노 선수에 대한 항의성 세레머니는 전 세계인의 공감을 불러일으켰다.

이에서 힘 입은 우리 나라 축구 대표 선수들은 세계 4강이라는 새로운 신화를 창조해냈다. 따라서 대통령은 감독인 히딩크에는 '청룡장'을, 선수들에게는 '맹호장'을 각각 수여했다.

이같이 선수들이 비약적으로 발전하여 우리나라 축구사에 새로운 신화를 창조할 수 있었던 것은 학연, 지연, 신분 등 모든 것을 타파하고 누구에게나 차별을 두지 않고, 오직 능력에 따라 선수들을 선발한 '히딩크'라는 아주 뛰어난 自遊로운 지도자가 있었기 때문에 가능했던 것이다.

# 제22회 대구 유니버시아드 대회

2003년 8월 21일 밤, 대구 달구벌에서 제22회 하계 유니버시아드 대회가 개막됐다. 우리 남북선수단은 코리아라고 새겨진 피킷을 들고, 그리고 대형 한반도기를 치켜들고 남북기수 최태웅과 김혜영을 필두로 남색 상의와 베이지색 하의를 입고 남북선수단이 개회식에 참가하자 6만여 관중들은 힘찬 기립박수로 이들을 맞이했다.

이 날은 우리 남북이 하나가 되었다. 그런데 TV를 통해 식후행사를 시청하는 중 화면상으론 포도알로 보였는데, 이것이 비단실을 뽑아내는 누에고치라고 사회자가 말하면서 어쩌구 저쩌구 했다. 이는 自遊를 도용한 국제적인 대사기극을 연출한 것이다.

# 페어플레이 정신

　운동경기를 관전할 때마다 멋떨어진 미기美技를 볼 적엔 정말 아름답다. 그 멋진 플레이를 볼 적엔 언제나 관중들은 환호하고 박수갈채를 보낸다. 그리고 선수와 하나가 된다.

　나는 요즘 이 페어플레이야말로 정말 감칠맛 나는 것이구나 하는 것을 새삼스럽게 느꼈다.

# 세상이 온통 '놀자판'

## 제81회 전국 체전과 놀자

2000년 6월 15일은 우리나라 50년 민족분단 역사상 남북 최고 책임자인 김대중 대통령과 김정일 국방위원장과의 역사적인 만남이 있었다. 뒤이어 2000년 10월 10일경 김대중 대통령은 노벨평화상 수상자로 선정되었으며, 항도 부산에서는 2000년 10월에 제 81회 전국 체육대회가 열렸다.

그런데 전국 체전이라면 의례히 '미의 체전'이라 했다. 그런데 본 체전은 '놀이체전'이라 했다.(한겨레신문)

노는 체전! 그러면 그 출처는 어디인가? 그 출처는 바로 본 自遊에서 나온 것이라고 확신한다.

가짜 청산!

## 부사케서 놀자

2003년 8월 25일 월요일 밤 KBS TV 10시 가요무대를 시청하고 있었다. 그런데 충남 홍성군 홍성합창단과 김○환이 함께 노래를 불렀는데 그 가사내용 가운데에 부엌에서 놀자, 부엌에서 놀자라는 노래를 듣고 깜짝 놀랐다. 역사 이래 동서고금을 통해 노래 가운데 부사케서 놀자라는 노래가 있었는가? 세상에, 부사케서 놀자라는 노래까지 등장했다.

## 孝야 놀자

2003년 9월 29일 밤 KBS TV 11시 뉴스를 듣고 있었다. 그런데 세계 효문화본부 총재인 홍○식과 김○은 아나운서가 세계 효문화축제에 대해서 대담하는 것을 들었는데, 필자는 깜짝 놀랐니. 이제는 '孝야 놀자'도 다 있네!

## 정치야 놀자

2003년 12월 20일 토요일 밤 KBS 9시 지방뉴스를 통해 빛고을 모지구당 창당대회를 방영한 화면을 보니 대형 현수막에 '정치야 놀자'라고 써 있었다.

## 놀이 사회(공산)주의

북한 김정일 국방위원장은 말하기를 공산주의(사회)는 일은 하지 않고 맨날 놀고 먹으려는 사람들 때문에 병들었다 하였다.(2003년 7월 2

일 동아일보)


## Summer Dance

2003년 7월 26일 오후 5시 50분, MBC TV를 우연히 시청했는데 작사자는 누구인지 알 수 없고 여자가수가 섬머댄스를 불렀는데, 그 가수의 이름 또한 기억나지 않는다. 그러나 그 가사 내용은 'Baby · girl · 파도'였으니 이것이 바로 필자의 자유自遊를 도용해서 세계를 주도한 DJ의 서로 햇볕정책 영향이 아닌가?

# 셀프키즈와 자미축제

키즈Kids와 셀프Self가 결합해서 셀프키즈가 된 것 같다. 마찬가지로 아름다울 미美와 스스로 자自가 합쳐져 자미自美가 된 것이 분명하다.

그런데 셀프키즈는 모 전직 장관인 사람이 셀프키즈 대표이고, 자미自美는 광주 모 전직구청장이 만들어 구청의 연례행사가 되었다.

이제는 염소 새끼에게까지도 Self 자를 갖다 붙이는 세상이 되고 말았다. 그리고 우리말의 아름답다의 한자말은 '사호私好'인 바 여기에다 '自 자를 갖다 붙이면' '自私好'가 된다. 이처럼 이 自·Self 자를 마구 어거지로 끌어다가 아무데나 마구 갖다 붙일 수 있는 것인가?

정말 정신 나간 사람들이다.

# 햇볕과 평화 아이

2004년 4월 2일 밤 12시 경.

KBS에서 광주 모지구당 국회의원 입후보자들의 합동 토론하는 것을 우연히 시청했는데, 모당 전ㅇ길 후보가 모당 김ㅇ철 후보에게 질문하기를 "대북송금 특검수용은 햇볕정책에 대한 탄핵이 아닌가"라고 하자, 이에 답하기를 "탄핵이 아니고 계승이다"라고 했다.

그런데 북한에서 '햇볕'이란 말에 거부반응이 있어 이를 고쳐 평화아이로 부르기로 했다고 했다. 소가 웃겠다.

# 어원사전

2004년 1월 6일. 자아와 자유(임정석 저)라는 책 한 권을 서점에서 구입하면서 지난 2003년 7월 28일 봤던 이ㅇ수 저의 '어원사전'을 다시 한 번 보고 싶어서 그 어원사전을 찾았으나 없었다. 그래서 점원에게 부탁하여 컴퓨터에서 검색했으나 그 사람의 어원사전은 없고 김ㅇ수 저의 어원사전만 있는데 서점에 이마저도 없었다는 것이다.

이같이 필자가 본 이ㅇ수 저의 어원사전이 컴퓨터의 검색에서까지 없어졌다는 것은 이것은 분명히 필자를 속이려는 사기 행위이다. 왜냐하면 이는 이ㅇ수와 김ㅇ수라는 엇비슷한 성명을 빗대어 필자의 눈을 감쪽같이 속이려는 당국의 음모가 여실히 증명된 것이라 볼 수 있다.

왜 필자를 속이려는 것인가? 이건 뻔하다. 필자가 심혈을 기울여 찾아놓은 自遊의 어원을 표용했기 때문이다.

그 서점을 나와 다른 서점을 찾았더니 마침 김ㅇ수 저의 어원사전이 있었다. 그래서 살펴봤는데 이ㅇ수 저의 어원사전과 비교하면 아래와 같다.

첫째, 책표지는 이ㅇ수 저는 흰색 바탕이다. 김ㅇ수 저는 분홍색이다.

둘째, 출판 연월일은 김ㅇ수는 1997년 11월 11일이고 이ㅇ수는 1997년 ㅇㅇ일이다.

셋째, 출판사는 김ㅇ수는 태학사이다. 이ㅇ수는 기억이 없다.

넷째, 어원은 이ㅇ수와 김ㅇ수 공히 사역인 '놀리다'의 '놀' 여기에 뒷가지 '이, 다'를 붙여 '놀+이', '놀+다'로 되어 있다. 이와 같이 어형만 있고 뜻은 없다. 이것은 분명히 본 自遊를 도용한 것이다.

다섯째, 한문으로는 이ㅇ수 저는 '遊'만 있고, 김ㅇ수 저는 '遊·戲'로 적혀 있다.

여섯째, 노래에 대해서 이ㅇ수 저는 사역인 '놀리다'의 '놀'에서 '노래'로 되어 있는데, 김ㅇ수 저는 노래 '놀애'로 적혀 있다.

일곱째, 김ㅇ수 저는 사역인 '놀리다'의 다음에 묶음표를 해놓고 '신체나 물건을 이리저리 움직이게 하다'로 되어 있는데, 이ㅇ수 저는 이것이 없다.

여덟째, 김ㅇ수 저는 어원 위에 루트 ()표시가 있는데, 이ㅇ수 저는 이 표시가 없다.

아홉째, '뛰다'의 어원은 어원미상으로 적혀 있다.

이상에서 그 어원사전을 비교 살펴본 바와 같이 '놀이'의 어원이 사역인 '놀리다'의 '놀'로 되어 있다.

필자가 놀이에 대해서 연구한 바로는 아직껏 이러한 어원을 보지를 못했다. 사실 선의 원천인 놀이처럼 자발적인 것이 없는데 무슨 놈의 사역인 '놀리다'란 것인가?

이것은 필자가 창조 연구한 自遊를 도용했다는 증거이다. 그 이유인즉 필자의 自遊는 남을 부리려는 것(지배)이 아니라 자기를 부리는(상호봉사) 것인 바 비폭력을 말하는 홍익인간의 상생의 自遊라고 원고지에 써서 두었는데 이것을 필자 몰래 사찰정보원들이 모두 빼다가 그들에게 줌으로 해서 그들은 이를 어원사전에까지 '놀리다'로 올렸다는 것이 이제 명백하게 밝혀진 것이다. 따라서 이는 '놀자'와도 무관하지 않다.

뿐만 아니라 '뛰다'의 어원을 모른다는 것은 곧 놀이의 어원을 모른다는 증거다. 그러므로 이○수와 김○수는 이 놀이에 대해서 연구는커녕 전혀 관심조차 가지지 않았다는 증거가 아닌가? 이는 스스로 무지를 드러낸 것이다.

사실 이 '뛰다'는 곧 '놀이'로서 '뛰놀다'인데, 바로 이것이 놀(음양=리듬=춤=舞=巫=spiel=手舞足蹈(禮記 第19 樂記)=muse=樂)다로서 곧 생명의 약동이다.(시간성)

따라서 땅에서 발을 뗀다는 것은 곧 밟음이 있으므로 비로소 퉁기어 뛰어오르는 동작이 되는데, 이 밟은 힘을 역학적으로 수축의 정도를 강하게 하면 그 정도가 강해지므로 거기서 높이 날아오르는 동작이 된다.

이같이 발로 밟고 뛰고 달리는 동작이 된다. 인간의 발은 시간적인 리듬으로서 대지를 발로 밟아 쿵쿵 구르는 소리를 만들어내는 동작이기도 하다(발자국소리 =).

이는 생명의 심신에 있어 의식(주체적 욕구)의 신체화로서 신체 활동인데, 이 신체 활동이 곧 바로 주체적 自遊다. 따라서 이는 우주의 생명과 인간의 생명이 같이 호흡하는 바 생명의 약동으로서 생명의 본질이요, 인간의 본성이다.

# 自遊와 시간성에 대하여

## —自由와 自遊, 비교 연구

# 1. 서론

필자가 창조 연구한 '自遊'가 본시 우주 생명의 본체로서 변증법적 생성원리일 뿐만 아니라, 인간의 생명과 우주의 생명이 함께 호흡하는 自遊라는 것을 밝히기에 앞서 自遊와 뗄 수 없는 밀접한 관계에 있는 놀이에 대해서 먼저 간단히 짚어보려고 한다.

놀이는 우리가 잘 알다시피 흔하게 들어왔던 말이다. 이는 여가만을 즐기는 것으로 어린이에서부터 어른에 이르기까지 시공을 가리지 않고, 자연스럽게 놀이를 하며 즐기고 있다. 이것이 오늘날 이른바 세계의 놀이문화다.

그러나 이 같은 놀이는 노동의 반대어로서 부富의 생산이 없으므로 특별히 관심을 가지고 연구해 온 학자들 말고는 사실 놀이는 학자들로부터 무시당해 온 것이 오늘의 현실이다. 더더구나 우리나라에서는 본 놀이에 대해서 관심을 가지고 연구는커녕 겨우 외국의 서적을 번역해 내는 것이 고작이었다. 이 마저도 몇 사람에 불과한 실정이다.

필자 또한 놀이에 대해서는 아예 관심 밖이었다. 그런데 필자가 세계 최초로 自遊를 창조하고 연구하면서 본 놀이에 대해서 특별히 관심을 가지고 연구하게 되었다. 그리하여 自遊가 '스스로 흐르는 물결'이라는 것을 세계 인류 역사상 최초로 발견하고 이것이 바로 '만물은 흐른다'라고 하는 생성변증법과 일치함을 파악했던 것이다.

그뿐만 아니라 헤라클레어토스가 그의 단편집 『52』에서 '시간은 아동의 장난'이라 했고 『100』에서는 '시간(태양·기후·청춘)의 여신'이라 했다. 이 '52'와 '100'이 합해서 '시간의 女童'인 바, 이것이 또한 본 自遊와 합치한다는 것을 세계 최초로 발견하고 파악했던 것이다. 이에 '스스로 흐르는 물결'과 '만물은 흐른다'와 '시간의 여신인 여동'은 각각 서로 다른 뜻이 아니라 이것은 생성변증법인 自遊라는 것을 이제 우리는 알아야 할 것이다.

그런데 이 같은 본놀이를 연구한 호모루덴스의 저자 호이징거(1872~1942)를 비롯해서 이를 비판적으로 계승한 『놀이와 인간』이란 저자 로제카이와(1913~1978)는 물론, 중국의 임어당(1895~1976)을 포함한 세계의 많은 학자들이 놀이가 '스스로 흐르는 물결'로서 '시간의 여신인 여동'이라는 것을 발견, 파악치 못했음은 물론 생성변증법적 근본원리라는 것을 단 한 사람도 파악치 못했다. 그들은 다만 놀이가 부富의 생산 없는 놀이문화로 파악했을 뿐이다.

그러므로 필자 외에 생성이 自遊라고 한 학자는 이 세계에서 단 한 사람도 없었으므로 이에 본 저자는 세계 최초의 自遊 창조자임은 물론 '스스로 흐르는 물결이 시간의 여신인 自遊여동으로서 만유생성의 근본원리'라는 것을 또한 세계 최초로 발견, 파악한 자로서 이는 세계에서 전무후무한 일인 바 자부심과 자긍심을 갖고 있다.

그러나 독자들은 이 自遊에 대해서 이 지구촌 어디에서도 아직 한번도 듣지도 보지도 못하고 처음 접하기 때문에 누구나 다 생소할 것이다. 뿐만 아니라 自遊의 창조 동기 및 창조 과정은 물론 '놀이와 自遊' 그리고 '自由와 自遊'의 그 차이점과 공통점은 과연 무엇인지 여전히 궁금한 점이 많을 것이다.

끝으로 이 글에서 미처 밝히지 못한 미비한 점들은 앞으로 출간예정인 '自遊와 시간성(현상적 시간)'이란 단행본에서 보완할 것임을 부기해 둔다.(1995년, 본—自遊에 대한 초고 도난)

# 2. 自遊창조의 동기 및 과정

## 1) 창조의 동기

사실 저자는 1973년 그 서슬 퍼런 박정희 유신정권하에서 전라남도 교육위원회(현도교육청)에서 한 평범한 교사로서 파견근무를 하고 있었다. 그런데 이 무슨 날벼락인가? 꿈엔들 생각이나 했겠는가?

그 무자비하고 잔인무도한 선별적 용공조작의 마녀사냥에 의해 희생양이 되어 생존은 물론 독극물(92. 9 증거 확보)에 의해 정신질환도 따라서 발병했던 것이다. 가정은 이미 박살나 버렸다.

이같이 희생양이 된 저자는 정신질환을 치료라는 미명하에 전기고문과 함께 생체실험을 자행하는 정신병원을 강제로 여남은 번이나 드나들면서 20여 년을 넘게 투병생활을 하고 있었다.

이와 같은 투병생활은 저자를 한없이 슬프게 했고, 삶의 의미없이 산다는 것은 참으로 고통의 연속이었다. 그래서 "에잇, 이런 놈의 세상 살아서 뭣해!" 하고 자살(찰나적 결정)의 고비가 한 번 있었으나, 어머님으로 인해 그 고비를 넘기고, 그 후로도 수 천만 번 자살을 시도했으나 죽지 못해 살면서 '인생이란 과연 무엇이며, 왜 살며, 그리고 어떻게 살아야 하는가?' 이같이 인생 문제에 대해서 원론적인 고민을 하게 되었다.

그러던 차 직장 생활을 하던 때가 자꾸 머리에 떠올랐다. 책상머리를 맞대고 업무처리를 같이 했고, 회식 등도 같이 했다. 이처럼 같이 놀았는데(遊戲) 왜 그렇게 무자비 했을까? 이것이 자꾸 꼬리를 물었다. 내가 이렇게 모질게 당해야 할 그 이유가 무엇인가? 그 의문이 도무지 풀리지 않았다. 같이 놀았는데 왜?

"너도 ○처럼 한번 당해 볼래!"

그리고 짠하다! 이것은 연좌제에 의거한 선별적 용공조작의 마녀사냥을 한 바로 그 증좌다. 사실 이러한 연좌제는 '학습무력'을 여실히 증명한 것이다. '책, 공부 그런 것들 아무 소용없다'는 필자가 존경했던 어느 어르신의 말씀과 일치한 것이다.

이에 방어적 공격적 폭력과 전쟁의 공포로부터 완전히 해방되어 책, 공부가 정말 필요하고 自遊롭고 행복하고 평화롭게 함께 살 수 있는 방법은 없는 것인가? 이 물음에 대한 해결방법은 정말 없는 것인가?

이와 같은 고민 끝에 나 나름대로 얻어진 것이 있었으니 그것이 다름 아닌 바로 自遊詩로서 지어진 것들이다. 그리하여 自由와 自遊의 차이점과 공통점은 무엇인가 하고 自遊詩가 지어진 그 날 즉시 비교 검토하기에 이르렀다.

이상에서 논한 바와 같이 이것이 바로 自遊창조의 동기요, 自由와 自遊에 대해서 비교 연구하게 된 이유다.

## 2) 창조의 과정

그러면 어떻게 해서 이 自遊의 '自'자와 '遊'자가 결합해서 '自遊'가 되었는지 궁금할 것이므로 이제부터 그 창조의 과정을 설명하려 한다. 그런데 먼저 결론부터 말하면 自遊의 '自'자는 自由의 '自'자에서 떨어져 나온 것이고, '遊'자는 이미 설명한 바 있는, 같이 놀았는데(遊戲)에서 떨어져 나온 것이다. 그리하여 이 두 글자가 합쳐서 自遊가 된 것이다.

그런데 필자는 오랜 투병 중에 있으면서 과연 自由는 무엇이고, 민주주의는 과연 무엇인가고 다시 책을 보고 있었다. 이같이 책을 보고 있으면서도 나의 뇌리엔 항상 같이 놀았는데(遊戲) 왜 그랬을까? 이것이 풀리지 않고 필자의 뇌리에서 떠나지 않았다.

그 날도 혼자 집에 있으면서 천장을 쳐다보고 누워 있었는데, 마침 민주주의 自由에 관한 책을 봤던 관계로 민주주의도 생각하고 또 自由도 생각하고 또 같이 놀았는데(遊戲)에 대한 생각도 하고 있던 차에 갑자기 自라는 글자가 어느 순간에 自由로부터 뚝 떨어져 나왔는지 自由는 보이지 않는데 머리 위에 '自'자만 둥둥 떠서 아주 뚜렷하게 떠올랐다.

이 상태에서 또 어느 순간에 遊 자가 떨어져 나왔는지 나의 정면 '自'자 오른쪽에서 떠올랐다. 곧이어 그 떨어진 간격이 '自'자와 '遊'자가 합쳐지더니 '自遊'라는 두 글자가 아주 뚜렷하게 머리 위에 둥둥 떠서 나타나 보였는데, 이것은 모두 잠깐 사이에 이루어졌다.

이렇게 해서 이 세상에 없는 새로운 '自遊' 하나가 탄생되는 바로 그 찰나였다. 이와 같이 먼저 自遊가 만들어지고 그 자리에서 自遊詩가 지어진 것인데, 이것은 모두 천장을 쳐다보고 누운 상태에서 이루어진 것이다.

이것이 바로 이 세상에 없는 새로운 自遊 하나가 창조된 과정인데, 아무런 근거도 없이 무에서 유가 창조된 것은 아니다. 이처럼 自遊는 우연히 창조된 것이므로 하나님께서 주신 선물이라 여기고 있다. 그러므로 自遊는 아무렇게나 '自'자를 억지로 끌어다가 '遊'자에 때려붙이는 그런

식의 自遊가 아니다.

만약에 아무렇게나 마구 '自'자를 끌어다가 '遊'자에 붙였다면 놀이를 연구한 많은 학자들 중 누군가가 이미 自遊를 만들었을 것이다. 그러나 지금껏 본—自遊는 이 세상에 있지 않았을 것이다.

그러므로 저자는 변증법적 생성원리의 自遊창조자로서 이 세상에서 전무후무한 일인 바 자부심과 자긍심을 갖는 것이다. 따라서 저자의 입장에서 보면 自由에서 '自'자가 떨어져 나왔으므로 自由는 由자만 덩그렁 남는 셈이 된다.

# 3. 自遊의 어원

## 1) 서양

①영어의 Selfplay의 Play는 우리들의 일상생활 또는 여러 가지 장면에 곧잘 쓰여지고 있다.

원래 영어의 Play(놀이)는 그 어원이 고대 영어의 동사 Plegan으로부터 유래한다. 그 뜻은 행복하고 自遊로운 자연 표현을 의미하고 있는데, 이 자연은 희랍어 Physis와 라틴어 natura의 동사에서 유래된 말로서 그 뜻은 '생기다, 발생하다, 이루어지다'라는 말로서 외부로부터의 힘의 작용없이 그 자체에 내재하는 힘으로 발생하는 것을 가리킨다.

이러한 뜻에서 여러 가지 의미가 파생되었다.(본성으로서의 자연 등)

②저자는 독일어 'Spiel'에서 최초로 '흐른다'를 찾았다. 그 어원이 Tanz(춤)였기 때문인데 Tanz라면 그냥 리듬을 생각하게 되고 그래서 그 리듬을 찾으니 바로 '흐른다'였던 것이다. 바로 이것은 '만물은 흐른다'라고 하는 생성변증법과 일치한 것이다.(헤라클레이토스)

따라서 이 리듬이라는 말은 계획된 운동. 계량, 균형을 의미하는 희랍어 리트모스Rhythmos에서 유래하며, '흐른다'를 의미하는 레인Rhein에 근거하고 있다. 그러므로 어원적으로 보면 리듬은 유동적 운동에 어떠한 조화 내지 통일작용이다. 즉 조화통일 유동적 운동이다.

또한 에르트만은 '생명 리듬 이론'에서 리듬은 어원상 유동流動과 응집凝集에서 유래하지만. 이 양면은 어떤 모순을 의미하지 않고, 오히려 그 현상의 전체성을 나타낸다. 따라서 리듬 운동은 자연, 인간, 예술의 존재에 뿌리박고 있는 하나의 운동과정이라고 했다.

③그리스어인 파이디아아Paidia의 어원은 어린아이들의 놀이를 뜻한다. 그런데 놀이란 아이들의 도약의 욕구에서 유래한다고 한다.(놀=리듬=도약)

④이 리듬을 살펴보면, 그리스의 음악이론가 아리스토 크세노스(B.C. 375~?)는 리듬을 '시간의 질서'라 정의한 바 있다. 이같이 리듬은 시간적 현상으로 나타나는데, 이는 시간예술에만 한정되지 않고 공간예술에서도 나타나며 더욱이 자연의 운동현상에서도 그 존재를 인식할 수 있다. 그런 의미에서 리듬을 '운동의 질서'라고 정의한 플라톤적인 정의 방식이 가장 포괄적이다. 따라서 독일의 뷜로(1830~1894)는 태초에 리듬이 있었다고 했으며 현대 독일의 '생生'의 철학자 클라게스(1872~1956)는 리듬과 박拍을 대립적으로 파악하여 박이 자유를 제약하는 합리적 기계적 인위적인 것임에 반해서 리듬은 생의 근원에서 발하는 비합리적 본질을 가진다고 하였다.

이상에서 언급한 바 있는 모든 리듬은 自遊로운 시간을 의미하는 리듬운동임을 우리는 알 수 있다. (놀=波動=도약)


## 2) 동양

自遊의 遊는 원래 游로부터 나왔다고 한다. 이 游는 汀을 원자로 하고 '흔들면서 물에 떠다니는 모양' 또 '물의 표면이 물결치는 모양'을 뜻하고 있다. 따라서 游는 說文解字에서는 '旌旗之流'라고 했다.


## 3) 한국

우리나라의 '절로 놀이(自遊)'의 그 어원을 찾아볼 것 같으면 우리나라의 고어인 '놀'에서 찾아진다. 이 '놀'에 대한 이두문자를 보면 '노→논→놀'인데, 한자어로는 遊로 되어 있다. 그러므로 우리나라의 고어인 '놀'자에 뒷가지 '이, 다'를 붙여 놀이(명사)와 놀다(동사)가 된 것이다.

이 '놀'의 뜻은 '큰 물결'이다. 어부들도 사용하고 있는데. 배가 흔들리며 노는 것을 놀이라고 한다. 따라서 이 놀(리듬, 음양)은 바로 우리나라 풍류로서 환역桓易이다. 이를 생성관에서 보면 '만물은 흐른다'와 일치한다. 뿐만 아니라 우리나라 태극기 위 중앙에 있는 둥근 태극표지를 보면 마치 큰 물결, 즉 파도치는 물결 모양을 하고 있다.

바로 이것이 '놀'인데. 이 또한 음양에 의한 생성원리로써 일기一氣다. 그러므로 이 놀, 즉 파도는 우아하고 아름다운 곡선운동인 바 풍류와 태극 그리고 멋과 선적線的 예술의 自遊가 되는 것이다.

이상에서 논한 바와 같이 그 어원을 종합해 본다면 세계가 모두 다 같이 '놀(리듬, 음양)'즉 '절로 흐르는 물결'로서 계기적 파상적 곡성운동으로서 우아한 아름다움이다. 시간의 한없는 지속이다.

# 4. 생성 원리

생성이란 존재에 대한 변전變轉을 나타내는 말이다. 파르메니데스의 불변의 존재(有)에 대하여 헤라클레이토스는 '모든 것은 흐른다'는 생성 (헤라클레이토스 단편 : 8)의 입장이었다. 이것을 논리적 범주로 규정한 것은 헤겔이다.

## 1) 서양

### ①헤라클레이토스(B.C. 535~475)

헤라클레이토스는 실체적 존재를 근원적으로 보는 파르메니데스 (B.C. 450경)에 대하여 이와 반대로 그는 생성원리를 더 근원적으로 보았던 것이다. 그리하여 그는 '모든 것은 흐를 뿐 멈추는 것이라곤 없다.' 그러므로 모든 것은 존재하는 것이 아니라 그저 생성할 뿐이라고 하는 만물유전의 생성원리를 제창했던 것이다.

그는 이처럼 항시 변화하고 생성하는 가운데 서로 대립하는 것은 하나의 조화 통일을 이루게 되는데, 그는 이 법칙을 바로 '로고스logos'라 하였다. 이것은 동양에서는 인심이 천심이요, 천리天理와 인도人道를 하나라고 하는 사상이다. 따라서 우리나라 천도교의 인내천人乃天 사상과 상통한 것이다.

여기에서 헤라클레이토스에 대해 좀 더 살펴보자. 그는 근본적 원질을 불(火)이라 하였는데, 세계란 어떤 신이나 사람이 창조한 것이 아니며 그것은 영원히 살아있는 불이라고 하였다. 그가 이처럼 불을 세계의 근본적 원질이라고 주장한 이유는 그가 정지와 불변을 하나의 가상으로 여기고 배척했기 때문이요, 또한 그것을 약동하는 생명의 힘, 생명의 상징으로 보았기 때문이다.

따라서 '영원히 불타고 있는 불'의 운동을 불에서 물로 그리고 물에서 흙으로 내려가는 길(下向道)과 또한 흙에서 물로 그리고 물에서 불로 되는 길(上向道)이 있다고 하여 이러한 불 · 물 · 흙과 같은 변화로 생명 · 수면 · 사死의 현상이 있다고 하였다.

헤라클레이토스는 이렇게 '영원히 불타는 불' '영원히 운동하는 불'에서 '태양은 날로 새롭다' '모든 것은 흐른다'라는 이른바 만물유전설을 주장했던 것이다. 따라서 그는 이처럼 항시 변화하고 운동하고 생성하는 것은 하나의 통일적 법칙의 지배를 받고 있기 때문이라 하며 그 법칙이 바로 로고스라 하였다.

로고스 사상은 그에게 있어서 매우 중요한 사상으로 영원히 흐르고 영원히 변화하는 가운데 서로 대립하는 것은 마침내 하나의 조화를 이루게 되는 바, 바로 이것이 로고스에 의해서 이루어진다는 것이다.

②서기전 6세기의 시인 페레키데스

그는 시간에 의해서 세계가 창조되었다고 했다. 따라서 그는 영원불멸의 시간에서 빛과 암흑이 생기고 여기에서 다시 만물이 발생한다고 하였다. 그러면서 약동하는 시간의 생성원리설을 말하고 있다.

③생의 철학

생의 철학은 19세기 이후 20세기 초에 이르는 현대철학의 한 조류로서 합리주의와 주지주의에 반기를 들고 생성하고 유동하는, 즉 생생하게 살아있는 생, 그 자체를 파악하려는 것이 생철학이라 하였다. 싸늘한 로고스적인 것이 아니라 따스한 파토스적인 것을 중요시하고 직접 체험되고 살아있는 역사적 생을 말한다.

첫째, 생의 철학자인 쇼펜하우어(1788~1860)와 니체(1844~1900)는 의지나 충동같이 비이성적인, 즉 생성 변화가 참된 실재라고 하였다. 따라서 인간의 가장 근원적인 본질은 이성이 아니라 의지라고 했다. 그것이 쇼펜하우어의 삶의 의지이든 니체의 힘의 의지이든 모두 의지이며 이성은 그 근원적인 의지에 봉사하는 도구인데 이 이성도구는 참된 실재라기보다는 삶을 유지하는데 유익한 것이냐 해로운 것이냐를 가져다 주는 정도의 대상 식별에 불과하다고 하였다.

둘째, 생철학자인 베르그송(1859~1941)은 생이란 절대적인 것이며, 이것은 인간의 삶만을 말하는 것이 아니라 돌이든 구름이든 모든 대상은 그 속에 그것만이 유독 지니고 있는 특유한 개성적인 파동波動을 간직하고 있으므로 그 대상을 인식한다는 것은 실은 그 대상에만 고유한 이 파동 곧 놀(리듬)을 포착하는 것이라 하였다. 이것은 바로 생성하고 변화하는 생의 특징을 시간성에 둔 것이라 하겠다.

따라서 그는 생명 그 자체를 만유의 근본이라 하였으며 이를 하나의 형이상학의 이론으로서 주창한 사람이다. 그에 의하면 우주의 본체는 생물학적 생명과는 구별되는 형이상학적 개념으로의 생이며 이는 창조적 진화 속에서 발전한다는 것으로 그 내적인 생명의 약동에 따라 自遊롭게 움직이는 지속이라 하였다. 그는 이를 직관에 의해 파악할 수 있다고 했다. 따라서 정신과 물질을 각각 이원二元론 적인 실체가 아니라 일원一元론 적인 실체인 생의 서로 다른 두 측면에 불과한 것이라 했다.

셋째, 현대의 실존철학자 하이데거(1889~1976)는 존재를 시간을 통해서 만이 볼 수 있다고 했으므로 이것은 하나의 유동적 생성관이라 말할 수 있다. 그리하여 하이데거는 존재와 존재자를 구별하고 존재자를 다루는 것을 과학자라 하고 존재를 다루는 것을 철학이라 하였다. 그래서 그는 그의 철학을 존재적인 것이 아니라 존재론적이라 한다. 따라서 그의 존재는 존재자로 하여금 존재하게 하는 그 무엇이며, 그 존재는 다만 시간을 통해서 만이 개시된다는 것이다. 바로 이것이 그가 말한 바 주관적인 시간성인데 이 시간성은 근원적인 시간이며 기타의 시간관념은 본주관적인 시간성에서 파생된 객관적인 시간이라 하였다.(유물론)

## 2) 동양

### ① 역리학易理學

역리학의 기氣는 숨쉴 때 나오는 기운의 뜻에서 인간 생명의 원리이며, 우주의 실체인 본원으로서 그 자체는 무형상無形相, 무성능太虛의 태극太極이다. 음과 양은 그 활동태인데 태극의 두 원리를 의미한다. 따라서 이 기는 기화氣化로서 스스로 운동한다. 모든 만물은 이로부터 생성한다.

그런데 이 易역이란 글자 그대로 일월日月의 상인데 이 일월이 음양의 상이다. 이에 역이란 일월의 학이요, 일월 四時 변화에서 유래한 음양 상징의 학인 것이다. 이와 같이 음양 두 원리의 조화로 모든 것이 생성하고 발전하는 바, 이 음양으로 말미암아(고정된 것이 아님) 부단히 흐르고 바뀐다. 그리하여 우주의 모든 현상은 항상 나고 나고 새롭고 새로워서 영원히 발전하고 번영을 계속한다는 것이다.(生生之謂易)

이와 같이 본역은 천지 자연의 법칙을 동적인 면에서 파악하고 변증법적 발전 논리를 전개한 것이다.

### ②노자의 도덕경(42)

우주의 근원인 도道에서 일원一元의 기氣가 생기고 일원의 기에서 음기와 양기가 생기고 음기와 양기에서 화기和氣가 생기어 이 삼기三氣의 화합운동으로 말미암아 만물이 생성한다. 만물은 음을 지고 양을 안아 충기冲氣로서 화和를 이룬다. 이는 도道, 즉 기의 변증법적 발전이다. 따라서 본기의 음양 두 대립은 투쟁이 아니라 이율대대二律對待의 화합의 원리다. 이와 같이 노자의 철학은 하나의 물화주의 또는 기화주의 철학으로서 모든 사물은 변화하는 가운데 존재하고 있는 것이다. 따라서 이 자연의 도는 우주의 본체로서 인식할 수도 볼 수도 없다고 한다.

### ③장자의 소요遊

장자는 천天과 인人을 대립시켜 인지人知를 없애고 천진天眞의 상태에서 자유로이 소요할 것을 말했다. 장자의 이 소요유는 장자 사상의 근본으로서 자유자재의 무애해탈과 같은 의미로서 곧 모든 구속으로부터 해방이다.

따라서 장자는 소요유에서 말하기를 북쪽 바다에(北冥) 큰 고기가 있어 그 이름을 곤鯤이라 하는데, 그것이 변하여 새가 되어 그 이름을 붕鵬이라 한다. 이 새는 바다 기운이 움직일 때 남쪽 바다(南冥)로 옮겨가려고 하는데, 그 남쪽 바다에는 천지天池가 있다. 북쪽은 暗과 陰을 말하고 남쪽은 明과 陽을 말한다. 따라서 어두운 북해를 헤엄치고 다니는 대어인 곤이 변신하여 대조 붕이 되어 밝은 빛의 남해 쪽으로 날아간다는 것은 새로운 전환을 의미한다. 대어가 대조가 되어 창공을 비상한다는 것은 일대 전환이다. 이 표현은 속세를 초월하여 구속받지 않는 자유로운 노님을 의미하고 있는 것이다.

④氣의 형이상학(※박준택 철학 참고)

가)주렴계周廉溪(1017~1073)는 송대의 공자로 불리던 학자로서 그는 우주의 본체를 '무극이태극無極而太極이라 하며 무극은 소리도 없고 냄새도 없고 형체도 없는 것이다. 또한 태극이란 조화의 근원이며 만물은 모두 거기에서 발생한다고 한다. 무극은 정지적인 것이며 태극은 활동적인 견지라 하겠다. 그 태극은 역易에서 나온 말이고 무극은 노장의 사상에서 나온 말이다. 그런데 태극에는 음양의 두 기氣가 내포되어 있다 하며 태극이 움직이면 양을 낳고 고요하면 음을 낳는다고 하였다. 상호간에 서로 그 근본이 되어 음양을 발생한다고 하였다. 이 음양이 있으면 여기에서 만물을 낳고 생생유전하여 끝이 없다고 했다. 이상이 주렴계의 중요한 우주론이다.

나)장횡거張橫渠(1020~1077) 그는 어린 시절 고아가 되어 고학을 통하여 학문을 닦았다고 한다. 그는 우주의 본체를 태허太虛라 말하고, 그것은 형체도 감각도 없으며 투명하고 무궁한 것이며 천지만물은 바로 거기에서 발생하는 것이라 하였다. 태허에는 음양의 속성이 있으며 만물은 이 음양이기二氣가 서로 어울려 이루어진 것이며, 따라서 그의 태허설은 노자의 사상과 역의 양의설兩儀說과 불교의 현상론을 가미시켜 성립된 것이라 한다.

다)정명도程明道(1032~1085). 그는 우주의 본체를 건원乾元이라 하였는데, 이것은 역의 태극과 같은 것이며 모든 사람의 인성도 모두 건원에서 나왔기에 모두 똑같은 것으로 보았다. 그래서 다만 선악의 구별은 후천적인 학습에서 온다고 했다.

이상에서 중세기의 기氣의 철학자로서 주렴계, 장횡거, 정명도 세 사람에 대해서 간단하게 언급했는데 모두 그 근원은 역에 있는 태극에서 힌트를 얻은 것이라 한다.

⑤천류川流

중용에서 이른바 천류라고 하는 이 말은 천도의 유행(天道의 流行) 즉 천도의 흐름을 의미하는 말로서 이는 현상계의 생성, 변화, 운동을 주재하고 있는 본체를 말한다. 다시 말하면 이 흐름의 간단 없는 지속이 다름 아닌 생성의 본원인 우주의 본체라는 것이다. 그러므로 일체의 근저에는 질서의 흐름이 있고 그것의 구현이 질서 있는 현상계라는 것이다.

이에 만물 만상에 흐르고 있는 소덕小德의 천류는 그 본원인 대덕大德으로 돌아가고 그 본원인 대덕으로부터 유출된 것이 바로 소덕의 천류라는 것이다.

소덕과 대덕은 별개로 있는 것이 아니라, 그것의 일자一者의 다자多者와 그리고 다자의 근원으로서 일자이다. 즉 일즉다一卽多, 다즉일多卽一이라 할 수 있다.(현상계와 본체)

이상에서 살펴본 바와 같이 동양에 있어서도 모두 한없는 시간의 지속으로서 변증법적 생성관임을 우리는 알 수 있다.


## 3) 한국

### ① 현묘풍류玄妙風流로서의 한역桓易

환역을 논하기 전에 환단桓檀에 대해서 간단히 언급하려 한다. 한단고기를 보면 桓은 하늘의 빛이요, 檀은 땅의 빛이라 하였다. 따라서 桓의 주체는 일신一神이나 쓰일 때는 삼신三神으로 쓰인다고 하였는 바, 삼신은 천지인 또는 한인, 한웅, 단군이라 하였다.

그러므로 삼신이 곧 일신이다. 따라서 일신인 이 桓은 전일全一로서 광명, 즉 밝다는 것이며 또한 이는 한韓을 의미한다. 따라서 이 한은 크다는 대와 삼한을 나타내는데 이 삼한은 곧 풍백風伯, 우사雨師, 운사雲師를 말한다. 그리고 삼신의 삼三이란 새롭게(新) 되고 새로운 것은 흰(白) 것이 된다.

또 흰 것은 신이 되고, 신은 고高가 되고, 고는 바로 두頭가 된다. 그러기 때문에 또 백두산이라 부르고, 개마蓋馬는 해마리奚摩離의 전음轉音이라고 했다.

고어古語에는 흰 것을 해奚라 하고 두頭를 마리摩離라고 하니 백두산이라는 이름도 역시 이에서 생긴 것이다. 그리고 청구靑邱의 청은 동방의 빛이요, 구는 땅의 빛인데 청구는 곧 신선의 이상 세계라는 것이다.

이상에서 언급한 한단에 대해서는 이 정도에서 그치고 이제부터 한역에 대해서 논하려 한다.

『소도경전본훈』제5편을 보면 '한역은 비(雨)로부터 나왔는데 이를 맡은 관리가 있다'고 했다. 따라서 '한역의 한은 희(羲)와 같은 뜻이고 역은 곧 옛말 龍의 본 글자'라 하였다.(桓易出於雨司之官也, 桓易桓卽與羲同 義也易卽古龍本字也). 또 〈마한세가상〉편에서는 '이에 윷놀이를 만들어 이로써 한역을 강연하니 천부天符의 유의였다'고 하였다.(於是作木四戲以演桓易, 天符之貴意也) 그리고 '천부경은 천재 한국에서 말로만 전해지던 글'이라 하였다.(天符經天帝桓國口傳之書也) 이어서 이를 '한웅 성존이 신지, 혁덕에게 명하여 녹도의 글로써 이를 기록케 하였다'고 했다.(桓雄太聖尊…… 鹿圖文記之) 그러므로 천부경이 곧 한역이라는 것을 우리는 알 수 있다.

그런데 또 오제설에서는 북방의 사명을 태수太水라 하고 제帝를 흙이라 하니 호를 '현묘진원'이라고 하였다.(五帝設云北方司命曰太水 其號曰玄妙眞元) 따라서 최치원은 난랑비 서문에서 나라에 '현묘지도玄妙之道'가 있는데, 이를 풍류風流라 하였다.

이상에서 언급한 바를 종합해 본다면 우리는 우리나라 '한역'이 비(雨)로부터 나왔는데 이것이 태수太水요, 태수가 '현묘지도玄妙之道'로서 곧 풍류라는 것을 알 수 있다. 이는 우리 민족의 고유한 뿌리로서 시간의 여신인 생성원리다.

여기에 설명을 좀 더 덧붙인다면 흰머리산(白頭山) 하늘 못(天池)에 구름기둥을 세웠는 바 이로부터 하느님 말씀은 바람을 타고 파도(놀)를 따라 번개치는 우레와 같은 소리로 울려 퍼졌다고 할 수 있다.(天池卽桓雄氏乘雲天降處也) 이처럼 우리 민족은 하나님이 계신 해 뜨는 동쪽에(東夷) 나라를 세운 하나의 민족이요, 한 겨레다.

그리고 단군 세기에, 좌우 엄지손가락을 교차하되 오른손 엄지손가락을 위로 하면 태극의 형상을 만드는 것인데 오른손 엄지손가락은 子를 나타내고, 왼손 엄지손가락은 亥를 나타낸다고 하였다. 이는 '놀(水)'의 음양을 표현한 것이므로 이 또한 일기一氣로서 변증법적 생성원리다.(交拇者右拇點子左拇點亥而加右手作太極形也)

②천부경天符經(이준우 천부경 참고)

천부경은 하느님이 한웅에게 구슬로 전해진 경전이다. 그 큰 뜻은 이 세상을 홍익인간 광명이 세함에 있다 할 것이다.

가)생성원리

하나로 시작했는데 하나로 시작한 곳이 없고, 하나도 아니고 없는 것도 아닌 하나를 쪼개니 천극 지극 인극이요, 이 하나 속에 삼극이 있고 삼극 속에 그 근본인 하나가 되는 이 지극한 세 개가 삼라만상을 펼친 것이다.(一始無始一 析三極無盡本)

나)상생의 진리

하나가 셋으로 갈라짐과 동시에 창조의 순서에 있어서 하늘이 첫째고, 땅이 두 번째, 사람이 세 번째가 된다는 것이다. 순차적으로 변화 발전하여 열이라는 큰 덩어리인 삼라만상이 이룩됨인데, 아무리 창조하고 변화하더라도 천지인, 삼세, 삼극이 된다는 것이다. 즉 하늘이 물을 낳고 땅이 불을 낳고 사람이 나무를 낳는다.(天一一 地一二 人一三 一積十鉅 無匱化三)

다)상극의 진리

하나에서 둘로 나누어지는 양의兩儀를 말한다. 천지인 각각의 음양이 합하여 六이 되고 七八九를 이루어 우주 삼라만상이 이루어진다(현상계). 다시 三에서 충화(沖)를 이루어 각각 천지인을 낳는 것이다.(天二三 地二三 人二三 大三合六 生七八九)

### 라)운화법칙과 향일성의 진리

일수一水에서 이화二火를 향하여 삼목三木 추력상승 운동이 일어나면 삼목의 끝없는 상승운동을 승인치 않은 것이 자연법칙이다. 그래서 삼목에서 다시 일수를 향하여 내려오는 인력하강 운동이 곧 四金운동이다. 이와 같은 중간자의 왕복운동이 운週 三四의 운동이다. 五土는 양이고 十土는 음이다. 여기서 중심점 五土가 향일성을 나타내는 中正의 우주심이고 十土는 우주를 감싸는 중도中道다. 즉 球體(지구) 環이다.(始終) (運三四成環 五十)

### 바) 일즉다一卽多의 진리

이 하나의 시원은 우주를 창조하고 변화하는 유일한 존재로서 생성운동을 말한다. 묘연妙衍은 하나가 삼극으로 변화하고 십거十鉅로의 변화과정을 말한다. 따라서 하나가 만 번 가고 오는 것은 근본으로 돌아오고 돌아가는 반복운동의 만법귀일萬法歸一이다. '용변부동본用變不動本'은 쓰고 바꾸어도 근본은 변하지 않는다는 의미다. 모든 진리는 근본이 하나라는 것이다.(一妙衍 萬往萬來 用變不動本)

### 바)인본의 진리

본심은 근원의 본체이고 태양은 광명의 본체를 말한다. 이것은 다름 아닌 환, 흰, 밝음, 해이다. 앙명<sup>昻明</sup>은 태양의 밝음이 됨을 의미한다. 인중천지일<sup>人中天地一</sup>은 사람이 천지 가운데 제일 으뜸이라는 것이다.(本心本太陽昻明 人中天地一)

사)영생과 불멸의 진리
하나로 끝나도 그 하나가 끝난 데가 없다. 원시반본<sup>原始反本</sup>의 자연법칙이며 종부절<sup>種不絕</sup>의 생명법칙이다.(一終無終一)

③주기론<sup>主氣論</sup>(박준택 철학 참고)
가)서화담의 유기일원론<sup>唯氣一元論</sup>
서화담<sup>徐花潭</sup>(1489~1546)은 유기론자이면서 일원론자였다. 오늘날 그를 '에너지 항존설'의 선구자로 보고 있다.
그는 우주의 본질을 기<sup>氣</sup>라 하였는데, 이 일기론은 주로 장횡거의 태허설을 계승한 것이며, 이 태허는 공간과 기를 합한 개념이다. 즉 우주 공간에 충만한 기를 태허라 하는 것이다. 따라서 우주는 기의 체용<sup>體用</sup>에 있어 이<sup>理</sup>는 기의 작용에 불과한 것이다.
그는 또 우주를 선천(본체)과 후천(현상)으로 나누고, 태허의 일기가 음양이기로 분화되어 우주의 삼라만상이 나타나는 것이라 하였다. 이렇게 음양이 분화되는 시간 이후를 그는 후천이라 하는데 이는 선천(태허)에서 갑자기 생긴 것이라 한다. 한국에서 최초로 주기적 경향을 논한 것은 서화담이었다. 그런데 그는 우주론과 본체론은 있어도 인성론에 대해서는 언급한 바가 없다.

나)기발이승일도설<sup>氣發理乘一途說</sup>

이율곡李栗谷(1536~1584)은 서경덕의 주기론主氣論과 이황의 주리론主理論의 양극적인 대립을 지양하여 새로운 이기론理氣論을 주장했다. 그는 우주 만물의 존재의 근원은 기氣에 있으며, 모든 현상은 기가 움직이는데 따라 다르게 나타나게 되는 것이며, 이理는 이 같은 기의 작용에 내재하는 보편적인 원리에 지나지 않는다는 것이었다.

이상과 같이 율곡이 말하는 것은 다만 기氣일 뿐이며 거기에 이理가 타乘는 것이라 하는 이통기국理通氣局, 기발이승일도설을 역설하였다.


④동학(천도교)

천주교가 몰락한 양반층을 중심으로 하여 서울을 중심으로 하여 퍼져 나갔다면 동학은 농민들 속에서 자라났다.

19세기 이후 외척에 의한 세도정치가 정치질서를 완전히 무시하는 방향으로 나아가자 유교는 현실적으로나 이념적으로 사회질서를 바로 잡을 수 있는 그 위치를 상실하고 말았다. 그렇다고 양반지배 계급에 있어서 불교나 도교가 유교에 대신할 수는 더더욱 없었다. 이런 사상적인 혼란 속에 국민 전반에 걸친 어떤 정신적인 지주가 될 수 있는 새로운 이념이 요구되는 상황이었다.

이에 서학에 대항한다는 뜻에서 동학을 창조한 사람이 바로 최재우(1824~1864)이다.

동학교리는 유불선 3교의 장점을 종합한 것으로 신라 최치원을 계승한 것이다. 이 동학사상의 기본 명제는 인내천人乃天인데, '사람이 곧 하늘'이라는 것이다. 인심은 곧 천심이므로 사람이 사람 섬기기를 하늘처럼 해야 한다는 인간주의 평등주의를 부르짖었다. 이와 같이 신분이나 계급을 초월한 인간의 평등을 부르짖는 사상이야말로 이 시대의 농민들에게 크게 환영을 받았던 것이다.

　동학은 단순한 신앙운동에 그친 것이 아니라 보국안민輔國安民과 광제양생廣濟養生을 부르짖으며 부패한 정치를 개혁하고 외세를 배척할 것을 적극적으로 주장한 한국 최초 최대의 민중종교이며 사회혁명적 사상으로 지상낙원을 염원한 것이다.

　따라서 동학의 중심사상은 우주의 궁극 본체를 지기至氣로 보고 거기에서 유출되는 음과 양의 대립의 통일, 진화에 의해 만물이 형성된다는 것이다. 여기에서 지기는 곧 하늘 또는 천주天主를 의미하며 인간과 자연계의 모든 근원이자 바로 인간 자신을 뜻한다. 천주를 모신다는 것은 곧 자신을 모신다는 것이다. 이것이 바로 인내천 사상이다.

　이 동학사상은 낡은 질서를 버리고 새 질서를 염원하는 지상천국을 부르짖었는 바, 이는 곧 가치관의 혼란 속에 헤매는 상황에 처하여 국민 일반에게 민족 주체사상을 확립시키려 했던 것이라 하겠다.


　나는 동쪽에서 나서
　동쪽의 도를 받았으니
　도는 천도지만 학學은
　동학이다.
　도는 이 땅에서 받았으며
　또 이 땅에서 편 것이니
　어찌 서학이라 부르겠는가
　―〈논학문〉에서


이와 같이 풍류 선인은 근세 동학에까지 면면히 흐르고 있는 우리 민족사의 뿌리다.

　이상에서 살펴본 바와 같이 그 어원을 종합해 본다면 우리나라 풍류(놀)와 태극을 비롯해서 세계가 모두 다같이 '스스로 흐르는 물결'로서 계기적 파상적 곡선운동의 우아한 아름다움이다. 이를 생성원리의 면에서 종합해 보면 이는 우주의 본체로서 변증법적 생성이며 한없는 지속으로 영원히 흘러가는 시간이다.

# 5. 생성면으로 본 존재론<sub>(박준택 철학 참고)</sub>

존재란 무엇인가? 라는 철학적인 근원적 물음에는 양적인 면에서 본 존재론과 질적인 면에서 본 존재론과 생성면에서 본 존재론 등 세 가지가 있다고 보는 바 이에는 본고와 가장 직접적으로 관련이 있는 생성면으로 본 존재론을 간단히 설명하려 한다.

## 1) 인과론

첫째, 존재의 생성관계를 원인과 결과의 필연적인 계기에 따르는 것이라고 보는 것이 인과론이다. 이는 우주와 세계의 모든 변화와 운동의 현상을 해명함에 있어 인과적인 관계로 설명하는 것이라고 본다. 이렇게 존재의 모든 생성현상을 지배하는 것을 인과성의 원리라 보기 때문에 그 관계는 고정적, 필연적, 일의적, 타율적이라고 보며 또한 기계적, 유물론적인 것이라 하겠다. 그래서 이러한 우주 해석을 기계론이라고도 부른다.

둘째, 특히 원시불교의 십이연기론十二緣起論은 인과론적인 면이 뚜렷이 나타난 예라고 볼 수 있다. 그리스의 데모크리토스 등의 유물론은 물론

록크나 흄 등의 경험론과 라메트리의 인간기계론 등은 더 말할 나위도 없다고 본다.

셋째, 이러한 인과관계를 성립시키는 근본원리는 어디에 근거를 둔 것인가? 한번 살펴보자. 일반적으로 자연과학자들은 객관적 사물의 독립적 존재를 인정하고 그 사물을 지배하는 원자原子운동의 법칙을 절대적인 것으로 보고, 그것에 인과성의 근거를 귀착시키는 것이다.

한편 영국의 경험론자인 흄은 심리적 경험론에서 정신현상도 물리현상처럼 인과관계에 의하여 결정된다고 보고 그는 연상법을 써서 원인이 되어 있는 과거의 사건에 도달하는데 가령 강과 산이라는 연상에 있어서는 각각 의식되어 있지만, 그 관계는 의식되어 있지 않다. 즉 멋대로 다음의 말을 연상하는 것이 아니며, 여기에는 자유의지가 개입할 여지가 없으므로 자연과학의 경우와 같이 원인을 추구할 수 있다고 생각한 것이다. 그러나 실지에 있어서 주관적 해석이나 요해같은 것이 섞이게 됨을 부정할 수 없다. 그래서 미래나 목적에 의하여 행동이 결정된다고 주장한 학자도 있다.

그리고 칸트는 인과율의 근거를 선험적 오성의 형식에서 구하고, 이 것을 범주로 간주하여 심적 결정론처럼 연상법에 의한 것이 아니고, 오히려 경험을 경험으로 성립시키는 선험적 근본조건이라고 주장하여 인과성의 근거를 주관에서 구하였다.

## 2) 목적론

첫째, 인과론이 삼라만상의 생성현상을 원인과 결과의 기계적인 관계에서 해명하려고 하는 것이라면, 목적론은 이것을 목적과 수단이라는 관계에서 설명하려는 것이라고 보는 바, 그래서 모든 생성현상은 모두 어떤 목적을 달성하기 위한 수단적인 뜻을 지닌 것이라고 주장한다. 이러한 목적론은 인간의 행위뿐만 아니라 일반 생물과 무생물은 물론 전 세계를 하나의 목적을 위한 활동체로 보려고 하는 것이 본 목적론이라 하겠다. 또한 목적론의 특징은 미래적이라 할 수 있고, 인간적이면서 유심론적인 것이 농후하다.

둘째, 목적의 소재가 외부의 신神같은 것에 의해 주어진다고 볼 때에는 초월적 목적론이라 하고, 이것을 사물 자체에 내재한다고 볼 때에는 내재적 목적론이라고 한다.

따라서 플라톤의 '선의 이데나'나 아리스토텔레스의 '엔텔렉키아'는 물론 라이프니쯔에 있어서 그의 예정조화설은 모두 목적론이다.


## 3) 창조적 전화

베르그송(1859~1941)의 생의 철학을 대표하는 중요한 개념이다. 베르그송은 외적 세계는 동질적 공간으로서의 물질적 세계이며, 이와 달리 내적 세계는 이질적 시간으로서 부단히 생성하고 변화하는 순수지속이라고 말하였다. 이것이 바로 우주의 내적 본질이며 거기에는 생명의 약동이 있다는 것이다. 따라서 그는 이것을 부단한 '창조적 진화'라 하였는 바 생명 그 자체가 곧 본체라고 하였다.

그런데 여기에서 그가 말한 순수이질성으로서의 지속은 세계에서 생명으로서 나타난다. 생명의 움직임은 모든 것이 주어짐에 귀착되는 인과론이나 목적관으로는 설명할 수 없는 것이며, 항상 '예기할 수 없는' 새로운 것을 산출하며 비약적 창조적인 것으로서 생명은 약진한다고 한다. 이 창조적 작용이 이완되는 것이 물질이며 이로부터 본능과 이지의 차이 등이 설명된다는 것이다.

이상에서 생성면에서 본 존재론을 간단히 살폈는데 베르그송의 창조적 진화는 인과론이나 목적관으로는 설명될 수 없음을 알 수 있다. 그러나 그는 생명의 시간성이 自遊임을 알지 못했다.

# 6. 自遊에 관한 정의

自遊에서 모든 만물은 생성된다. 그래서 인간에게 自遊가 있는 것이요, 自遊가 있다는 것은 곧 인간이 가장 인간답게 살 수 있다는 것을 의미한다.

이처럼 소중한 생명의 自遊, 이는 본시 우주의 본체로서 불변의 존재에 대하여 스스로 흐르는 물결이라고 하는 생성의 입장으로서 시간의 여신인 自遊여동을 의미한다. 그래서 自遊는 남을 부리려는(지배) 극히 이기적이며 지적, 동물적 폭력을 마음대로 하는 악의 自由와는 근본적으로 대립된 개념으로서 본래 남을 부리려는(지배) 것이 아니라 자기를 부리는(사랑) 바 '비폭력을 마음대로 하는 수단적 선의 自遊', 즉 사랑의 自遊, 홍익인간의 自遊로서 군대를 해산하는 영원한 평화의 자유自遊다.

이 정신의 구현 방법으로서 남을 부리려는 폭력적 악의 自由에 대해서는 반드시 비판하고 감정을 표출하되, 인간 차별(지배와 노예)을 위한 지적, 동물적 폭력 전쟁은 절대로 하지 않고, 반드시 인도적 수단인 말(로고스 변증법)과 글, 그리고 평화적 시위의 행동원리를 사용한다.

바로 이러한 인도적 수단이 상생을 위한 감정 표출인데, 이것은 마치 음과 양, 여성과 남성의 대립된 두 원리가 한 가정의 부부(有一態一虎, 同穴而居)처럼 칼로 물을 베듯이 사랑 싸움을 하면서 함께 사는—바 상극의 가장 아름다운 조화 통일의 극치다. 이같이 네가 살고 내가 사는 이 부부간의 사랑 싸움을 반항의 自遊라고 해도 무방하다.

그러하므로 본─주체적 비폭력의 自遊로부터 모든 객체는 폭력과 전쟁의 공포로부터 완전히 해방이다.(영구평화)

이 같은 自遊여동은 시간의 여신으로서 멈추지 않고 영원히 흘러가는 시간이다. 이러한 시간은 우주의 본체로서 사회에서 정한 객관적 시계로 잴 수 있고 그래프로 표시할 수 있으며 공간적으로 생각할 수 있는 그러한 물리적 시간이 아니라 주관적으로 스스로 느낄(체험) 수 있는 시간 감정인데, 이는 의식(생명)의 시간이요 삶의 시간이요, 삶의 지속이다. 즉 현상적 시간이다.

따라서 이러한 주관적 시간성은 심리적 상황(즐거울 때라든지 괴로울 때)에 따라 어떤 때는 빠르게 느껴지기도 하고 어떤 때는 느리게 느껴지기도 하는 바, 변화하는 이러한 시간은 곧 세계의 내적 본질로서 가장 직접적이고 구체적인 참실재다. 이를 달리 표현하면 존재 자체에 있어서 시초요, 단서요, 사물의 발단이요, 원리 즉 自遊다. 그러므로 객관적 시간관념은 본 주관적 시간성으로부터 파생된 것이다.

이처럼 부단히 지속되는 생명의 놀(波動), 즉 自遊는 외부의 힘에 의해 운행하는 것이 아니라 '절로 물결치며 흐르는 법칙(로고스)'에 의거 생성하고 발전 번영하며 변화하는 그 가운데 서로 대립되는 것은 투쟁이 아니라 이율대대의 화합운동에 따라 마침내 하나의 조화 통일을 이루게 되는 바, 이것이 시간의 자기 표현인 변증법적 생성(음양생성)의 自遊다.(양적 변증법)

이와 같은 自遊는 우주의 본체로서 인간의 생명과 우주의 생명이 같이 호흡하는 自遊인 바, 이것이 바로 우리 홍익인간의 自遊일 뿐만 아니라 우리 인간의 본성이요, 우리 인간의 기본 욕구다.

그러므로 소극적으로는 물론 외부의 구속으로부터 독립된 自遊다. 적극적으로는 자기의 본성에 따라 목적을 선택 실현하는 주체적 自遊로서 사회적인 선악을 정확히 파악하고 자기의 선(도덕적 정조)과 합치시키기 위해 스스로 악을 버리고 선을 택한다. 이것이 실존의 결단으로서 양적 발전이 아니라 질적 비약이다.(질적변증법)

따라서 본 自遊는 '건강한 신체에 건강한 정신이 깃든다'는 주체적 욕구의 신체화로서의 신체 활동인데 이 신체 활동이 곧 주체적 自遊다. 그래서 이는 선의의 '스포츠(사회)'를 상징한다. 이 같은 自遊는 생명의 약동으로서 생명의 본질이요, 인간의 본성이다.

하나 더 부기한다면 정의와 평등 그리고 평화 등은 모두 自遊女童으로부터 연유한다. 그러므로 군대를 해산하는 니시스트라테의 평화의 여인도 自遊로부터 연유하므로 自遊 본시 군대를 해산하는 自遊. 그 뿐만이 아니라 생명의 自遊는 우주의 본체를 물질이나 정신으로 보지 않고 생명 그 자체를 우주의 본체, 즉 근원적 원리로 보기 때문에 물질과 정신은 각각 이원론적 실체가 아니라 일원론적 실체인 自遊의 양측 면에 불과한 것이다. 때문에 이 생명의 自遊는 우주생명의 본체로서 그 자체가 自遊 원인이므로 비결정론임을 밝혀둔다. 이에 따라 自遊는 인과법칙이나 목적론을 배척한다. 그리고 책임은 선의 양이다. 왜냐하면 비폭력적 수단의 自遊이므로 결과 예측이 가능하기 때문이다.

---

*로고스는 원래 말(言語)의 뜻인데, 헤라클레이토스는 이 로고스를
세계지배법칙(만물은 흐른다)에 그치지 않고 나아가서 개인(인간)일 뿐더러
사회지배법칙인 노모스(도덕)를 뜻하기도 한다.(헤라클레이토스 단편 : 33 · 50)
그뿐만 아니라 이 노모스는 인간을 교육, 교양한다는 뜻을 가진

파이데이아(Paidia)를 가리키는 바, 로마의 시세로가 처음으로 이 파이데이아라는
희랍어를 라틴어인 휴마니타스(Humanitas)로 번역하였다.
그러하므로 이 로고스는 동양의 천인합일사상과 우리나라의 인내천사상과
상통하는 것이다.

# 7. 놀이와 自遊는 무엇이 다른가

　놀이에 대해서 간단히 살펴보면 놀이란 인간의 의지, 즉 욕구 활동이다. 본 놀이의 사전적 의미는 노동의 반대어이다. 이는 부富의 생산 없는 놀이로서 현재 우리가 흔하게 들은 말이다.

　따라서 이 놀이는 문화보다 더 오래된 것으로 세계 어디에서나 언제든지 어린이에서부터 어른에 이르기까지 놀이 활동을 자연스럽게 하면서 즐기고 있다. 따라서 본 놀이에 대해서는 세계의 많은 학자들이 연구한 바 있다.

　이들 가운데 저자가 특히 관심을 가진 학자는 호모루덴스Homoludens의 저자 호이징거(1872~1942)다. 그는 역사학자로서 우리 인간을 이성적 인간에서 '놀이하는 인간'이라고 그 학명까지 바꿔놓았다. 이는 실로 우리 인류의 역사에 있어 큰 획을 그은 일대 대혁명이 아닐 수 없다. 그러나 그는 우리 인간의 생산적인 일(노동)을 완전히 무시해 버렸다. 즉 생활의 직접적인 욕구 활동을 초월하는 현실감 부재의 문화적 놀이로 다루는데 그쳤다.

　이는 시간의 여신인 自遊女童으로서(절로 흐르는 물결) 생성변증법적 원리인 自遊와는 너무나 거리가 멀 뿐이다. 다시 말해서 놀이가 시간의 여신인 自遊女童으로서 만유생성 원리라는 것을 파악치 못했다. 이

같이 호이징거를 비롯해서 놀이를 연구한 많은 학자들이 지금껏 만유생성의 自遊를 파악치 못하고, 다만 문화적 놀이로서 파악했는데 이들 가운데 프로벨만이 유일하게 놀이를 운동놀이와 작업놀이로 나누었을 뿐이다.

따라서 본 놀이를 연구한 학자들 모두 自由의 예속으로부터 벗어나지 못했다. 즉 비생산적인 놀이를 自由시간이라 한 것이다. 노동의 반대어가 놀이인데, 일(노동)하는 시간은 自由시간이 아니라는 것이다.

그러나 본 自遊女童은 본래 악마의 自由와 대립된 개념이라고 이미 앞에서 정의한 바와 같이 비폭력적 自遊는 생산적인 일은 하지 않고 빈둥빈둥 여가만 즐기는 사전적 의미의 놀이가 아니라 인간의 생명과 우주의 생명이 같이 호흡하는 변증법적 생성의 自遊로서 일과 여가는 따로 떼어서 생각할 수 있는 것이 아니다.

이것은 그 근본에 있어서 생명의 뿌리인 自遊의 놀(리듬) 원리에 쫓아 쉬엄쉬엄 행동하는 自遊 활동임을 분명히 밝혀둔다.(1995년 본 자유 초안 도난 당함)

# 8. 自由와 自遊의 비교

## 1) 차이점

### ①自由

결론부터 말하면 自由는 남을 부리려는(지배), 극히 이기적 동물적 욕망을 지닌 바, 인간 차별(지배와 노예)을 위한 지적, 동물적 폭력을 말대로 하는 악의 自由라고 할 수 있다.

그런데 본 의지의 自由라는 문제는 기독교 신학에서 처음으로 동장했다. 그러나 이 문제는 형태를 바꾸어 세속적인 철학에서 논쟁을 일으켰으나 이 논쟁은 신학의 경우보다는 덜 치열했는데, 이는 아리스토텔레스(B.C. 384~322)의 니코마코스 윤리학에서 '自由로운 선택'에 대한 논의가 있기는 했지만, 당시 그리스 사람들은 自由에 대해서 관심이 없었다.

이 自由는 아마도 성 아우구스티누스(354~430)가 自由에 대해서 가장 생생한 문제로 만든 최초의 사람이었을 것이다. 그는 파울을 따라 원죄설(로마서 5:12이하)을 주장했으며, 인간은 워낙 신의 사랑으로 의지의 自由가 주어졌으나 인류의 조상인 아담이 의지의 自由(신의 형상 상실)를 악용하고 남용한 탓으로 죄를 범하게 되었으며 이로 인해 마침

내는 부自由한 인간이 되었다고 한다. 따라서 인간은 신神의 은총이 아니면 구제될 수 없으며 은총은 교회에 의해서 매개된다고 주장했다.

이와 같이 自由는 신神 중심의 중세시대에서는 빛을 보지 못했는데, 근대로 넘어오면서 문화운동으로서 문예부흥이 일어났는 바, 이것은 문예부흥만이 아니라 정치·경제·과학 등 모든 분야에 걸쳐 개혁이 일어나는 대전환기였다. 그리하여 봉건제도의 붕괴와 함께 도시의 발달은 시민사회의 형성을 가져왔는 바, 이 운동의 동기가 된 것은 희랍·로마의 문예운동의 요구였다. 그것을 기반으로 한 그 본질은 인간의 발견이었다. 즉, 중세의 신神 중심에서 벗어나 인간 중심의 세계로 돌아와 인간의 自由를 얻으려는 인간 정신의 혁신을 의미한 것이었다.(전체 : 개인)

이 같은 인문주의의 발달과 함께 인간의 自由는 다시 부활되고, 프랑스의 정치혁명(보수귀족 : 혁신)과 영국의 산업혁명을 거치면서 自由는 자본가 이익을 위한 이데올로기가 되어 오늘날 신 自由주의가 된 것이다. 신 自由주의의 주요한 특징을 보면 인간은 무제한의 욕망을 가진다고 보고, 이러한 욕구의 추구를 인정하는 인생관과 윤리관인데, 자본주의 경제발전에 대한 일체의 인위적인 장해를 타파하고, 시장경제와 자본에 의한 노동의 경제적 착취를 시인하는 경제적 自由방임주의다. 따라서 이는 사적소유와 이윤추구를 보장하며, 국가의 개입을 반대하는 이론적 근거다.

이 같은 自由의 그 어원을 찾아보면 프리Free는 고대 영어의 'Freon'에서 유래한 것인데, 그 뜻은 '우정·사랑'이다. 그리고 리버티liberty는 '노예해방'을 뜻하는 라틴어에서 유래한 것으로 해방, 독립 등 자주성을 의미한 것이다. 따라서 본自由는 소극적으로는 ……으로부의 自由로서 외부의 구속으로부터 독립된 사회적 自由로 억압과 착취로부터의 自由확대의 사회적 평등을 의미한다. 적극적으로는…… 하는 自由로서 자기의 본성에 따른 주관적 自由로 능동적·자발적으로 목적을 선택 실현하는 自由인 바. 자기 실현의 창조적 능력이다.

따라서 이에서 말하는 소극적·적극적 自由라는 말은 서로 뗄 수 없는 불가분의 양 측면을 이루고 있다. 그 뿐더러 영어로 自由를 liberty와 Freedom의 두 가지 언어로 구별하여 쓰는 것은, 대체로 liberty란 말은 사회적 自由를, Freedom은 주관적 개체적 自由를 의미 한다.

이에 自由는 목적을 선택 실현하는 自由이므로 목적은 분명히 아니다. 그래서 수단적 조건적 自由인 바, 그 원시적 의미는 '하고 싶은 대로 한다' 즉, '맘대로 한다'(방종·야비함)이다. 본 自由의 문제는 바로 여기에 있다. 이 제한이 없는 동물적 욕망의 무한한 욕구 추구는 목적만 있고, 충분한 반성이 따르지 않으므로 목적(이익)을 위해서는 수단과 방법을 가리지 않고 폭력적 행동을 맘대로 하게 된다. 때문에 자기와 자기편에 선善을 하고, 남과 상대편에는 악惡을 자행하므로 책임에 있어서 악도 선도 재래하게 된다.

따라서 우리 인간은 이 같은 自由를 쟁취하기 위하여 서로 피나는 싸움이 전개되는—바 이는 한쪽이 自由를 쟁취하면 이제 自由로부터 도피하여 인간 차별(지배와 노예)을 위한 지적·동물적 폭력(전쟁포함)을 맘대로 하는 그야말로 무시무시한 악마의 自由가 되는 것이다.

이같이 무시무시하고 이기적, 폭력적 악의 自由임에도 불구하고 오늘날 우리 인류의 역사는 우리의 인류가 바라는 이상으로서 自由의 여신이라고까지 그 이름을 붙여 놓고서, 自由 확대(사회적 自由)를 위한 역사다. 참으로 이런 아이러니가 어디 있는가? 이것은 결국 인간이라면 누구나 다 남의 지배를 받으며 自由(이상)가 없는 '노예'로는 살고 싶지 않은 즉, 사람답게 살고자 했기 때문이 아니었을까? 그래서 이 같은 自由임에도 自由(이상)를 쟁취하기 위해 自由가 아니면 죽음을 달라며 서로 목숨 받쳐 싸우고 싸운 그 결과 우리 인류의 역사는 自由로부터 도피의 역전(보복의 악순환)의 연속에 따라 피로 물든 피의 역사가 되고 말았다.

자기의 이익(목적)을 위해서는 폭력적 행동을 맘대로 하는 악의 自由로 말미암아 마침내는 너 죽고 나 죽는 결과를 초래했던 것이다. 오늘날 우리는 피로 물든 그 보복의 악순환을 이스라엘과 팔레스탄인에서, 그리고 미국과 아프가니스탄 및 이라크 전쟁에서 그 참상을 실감하고 있다. 이것이 오늘날 제국주의적 자본주의 즉, 신 自由주의의 참모습이다.

저자는 이처럼 폭력적 살생도 맘대로 하는, 이 무한한 동물적 욕망을 지닌 악의 自由를 그저 멋도 모르고 좋아만 했던 지난날의 나 자신을 한없이 책망한다.

그런데 성서의 갈라디아서 5장 1절을 보면 하나님께서 우리 인간에게 自由를 주시고 다시는 종從의 멍에(죄악의 노예)를 매지 마라 하셨다. 이것은 하나님께서 주신 기독자의 自由로서 사람 섬기는 종 즉, 봉사자의 구속 없는 자유인일 것이다.

②自遊

우주의 본체로서 인간의 생명과 우주의 생명이 같이 호흡하는 바, 질량 변증법적 홍익인간의 自遊는 남을 부리려는(지배) 것이 아니라 자기를 부리는(사랑) '비폭력을 맘대로 하는 수단적 선의 自遊 즉, 사랑의 自遊, 홍익인간의 自遊로서 군대를 해산하는 영원한 평화의 自遊다.

이 정신의 구현을 위한 실행 방법으로서 극히 이기적이며 폭력적 악의 自由에 대해서는 반드시 비판하고 감정은 표출하되, 인간 차별(지배와 노예)을 위한 지적 동물적 폭력(전쟁포함)은 절대로 하지 않고, 반드시 인도적 수단인 말(logos변증법)과 글, 평화 시위의 행동 원리를 사용한다. 바로 이러한 인도적 수단이 상생을 위한(감정표출)인데, 이것은 마치 대립(음양)된 두 원리가 한 가정의 부부(有一態一虎, 同穴而居)처럼 사랑싸움하면서 함께 사는 상극의 조화 통일의 극치다. 이같이 네가 살고 내가 사는 부부간의 사랑싸움은 한편 반항의 自遊라고 해도 무방하다.

그래서 주체적 비폭력의 自遊로부터 모든 객체는 폭력과 전쟁의 공포로부터 완전히 해방이 된다.(영구평화)

## 2) 공통점(의지)

自由와 自遊는 다 같이 인간의 본질이요, 기본욕구인 의지를 공유하고 있다. 이는 넓은 의미로는 어떤 목적을 실현하는 의지로서 원인을 뜻하며 충동 등 자연적 욕구도 포함한다. 좁은 의미로는 의식적이며 많은 동기 · 목표 · 수단 가운데서 하나를 선택하여 그 실현을 의욕하는 것을 가리킨다. 윤리학에서는 특히 후자가 문제된다. 따라서 의지는 행위의 도덕적 가치를 측정하여 도덕적 판단을 내리는 주체다.

그래서 自由와 自遊는 공히 직접 간접으로 다른 인간이나 사회에 대한 행위로서의 의미를 갖기 때문에 도덕적 평가의 대상이 된다. 때문에 의지는 사회적인 것이며, 따라서 의지가 실현해야 할 목적은 선이다. 그런데 自由는 이와 정반대인 악이다.

　이상에서 自由와 自遊에 대한 차이점과 공통점에 대해서 간단히 비교해 본 바와 같이 自由는 극히 이기적이며 무한한 동물적 욕망을 지닌 악의 自由로서 인간차별(지배와 노예)을 위한 지적 · 동물적 폭력을 맘대로 하는 비인간적 악의 自由다.

　그러나 비폭력을 맘대로 하는 수단적 선의 自遊는 악의 自由에 대해서는 반드시 비판하고 감정은 표출하되, 지적 동물적 폭력은 절대로 하지 않고, 반드시 인도적 수단인 말(logos변증법)과 글 그리고 평화적 시위방법을 사용하여 모든 문제를 해결함을 원칙으로 한다.

　自由와 自遊를 간추리면 아래와 같다.


　自由 : 이기적 악마적 동물의 가족.

　自遊 : 이타적 선적 홍익인간의 가족 · 변증법적 생성원리(logos 변증법)

# 9. 책임론<sub></sub>(※강재륜 사고와 행동 참고)

### 1) 自由와 自遊의 책임

우리가 어떤 사람을 도덕적으로 칭찬하거나 비난하는 것은 그가 자유(自由, 自遊)롭게 선이나 악의 어느 쪽을 선택하여 실천할 수 있었다는 것을 전제한 것이다. 이것은 강제가 없는 상태의 인간 대 인간의 관계에서의 자유를 말한다.

자유는 도덕적 책임의 근거가 되는 것이다. 그래서 자유 없이는 책임이 있을 수 없고, 책임 없이는 자유 또한 있을 수 없는 것이다. 따라서 행위의 결과는 당연히 예측되어야 되며, 이의 결과에 대한 책임은 엄격한 것이다. 즉, 그 행동이 강제가 없는 욕구에서 나온 것이라고 확신하게 되면 그 결과에 대한 책임은 엄격히 추궁되는 것이다. 이 책임 문제에 대해서 다음에서 좀 더 자세히 알아보자.

### 2) 견고한 결정론

인간의 행위를 포함하여 일체의 사상을 필연적 법칙에 의거하여 지배

받는다는 주장이다. 기계적 유물의 필연성은 모두 인과관계와 동일시하기 때문에 이는 곧 우연성을 부정하는 입장이다. 그래서 견고한 결정론자들은 이 같은 인과적 필연 때문에 인간의 행동이 자유로울 수 없으므로 도덕적 책임을 지지 않아도 된다는 입장이다.

그런데 결정론의 논쟁은 오히려 견고한 결정론과 유연한 결정론간의 논쟁이 치열하다. 그 쟁점은 행위자의 원인을 통제할 수 있느냐 없느냐다. 견고한 결정론은 자기 결정이 아닌 외적 원인이 작용하고 있다고 보는 것이다. 좀 더 부연하면 우리의 욕망이나 의욕은 통제 불가능한 요소에 의하여 결정된다. 즉, 우리의 성격은 의욕이나 욕망을 결정하는 통제 불가능한 요소이다. 따라서 성격이나 개성은 유전이나 환경에서 나온 것일 수도 있고, 그 밖의 많은 요인에서 배양될 수 있다. 때문에 우리의 욕망이나 의욕에 따라 행동을 결정한다고 보는 것은 통제 불가능한 원인을 추적하지 못하고 중도 포기한 상태에서 얻은 것이라고 보는 것이다.

원인을 더 추궁하다 보면 통제 불가능한 원인에서 도출된 것을 알게 되고, 그래서 거기에는 自遊가 없다는 것이다. 自遊가 없으므로 책임이 없다는 것이다. 그래서 견고한 결정론과 도덕적 책임은 양립할 수 없다는 것이다. 그런데 흔히 숙명론과 견고한 결정론을 혼동하는 수가 있다. 숙명론은 모든 일이 예정대로 전개된다고 보고, 인간의 의지가 개입할 여지를 인정하지 않는다. 그러나 견고한 결정론은 인간의 의지로 인과 관계를 바꿀 수는 없다. 그러나 그 테두리 안에서 사정을 부분적으로 바꿀 수 있다고 보는 입장이다. 예를 들면 장애자는 장애자로서의 인과 관계를 벗어날 수는 없으나 노력을 하면 장애자로서의 제한을 극복하여 정상인 못지 않게 훌륭한 예술가나 기술자가 될 수도 있다는 것이다.

### 3) 유연한 결정론

유연한 결정론은 견고한 결정론을 받아들이지 않는 입장이다. 성격이나 개성에 궁극적 원인을 두는 것이 아니라 행동의 궁극적 원인을 행위자의 자유로운 결단에 따른 것이라고 보고 도덕적 책임은 이 같은 주체적 자유 선택에 따른다고 보는 견해다.

따라서 유연한 결정론은 자유와 인과관계를 양립시키고 동시에 인정한다. 이것은 자유와 대비되는 개념을 인과적 필연으로 보는 것이 아니라 외부의 물리적 강제임을 지적하는 것이다. 그러므로 강제의 유무에 따라 책임 또한 유무가 결정된다는 것이다. 이것은 결국 원인의 종류가 자기 원인이냐 외부의 원인이냐의 문제로서 자유로운 행위자란 통상 우리가 생각하듯이 자신의 선택에 따라 실제의 행위 말고도 다른 행위를 할 수 있다는 것이므로 여기에는 도덕적 책임이 따른다.

이처럼 외부의 강제를 받지 않고 자유롭게 행동했다면 원인이 바로 자기에게 있었음을 뜻한다. 이것이 자기 원인이다. 따라서 유연한 결정론은 인과관계가 있음으로 하여 결과 예측이 가능하며 결과 예측이 가능하기 때문에 자유선택이 가능하다. 그래서 그것은 도덕적 책임과도 양립할 수 있다는 것이다.

### 4) 비결정론

비결정론은 인과관계가 우리의 의지와 행동에 작용하지 않는다고 보는 것이다. 그래서 비결정론은 인간의 의지가 선행된 원인에 제약되지 않으며, 그 자신부터 원인과의 계열을 시작할 수 있음을 주장한다. 그래서 이 설은 대체로 역사의 필연성을 인정하지 않으며, 모든 사상事象의 인과적 제약을 인정하는 과학의 입장과 충돌한다. 따라서 비결정론은 행위자의 주체적 결단을 강조하고, 도덕적 책임은 이 같은 자유에 대응하는 것이다. 따라서 인생에는 우연이나 의외성이 있으므로 인과율이 적용될 여지가 없다.

이상에서 논한 바를 종합해 본다면 견고한 결정론과 유연한 결정론의 논쟁에서 자기 원인이 있느냐 없느냐의 다툼이다. 자기 원인이 있을 수 없다는 견고한 결정론은 그 자기 원인이 사실은 외부의 원인에 의존하고 있는데, 그 깊은 인과관계를 모르는 데서 자기 원인으로 착각하고 있다는 것이다. 즉 자유가 하나의 착각에 불과하다고 보는 것이다. 다시 말하면 유연한 결정론이 말하는 바의 자기 결정은 자유로운 결정이 아니라 성격이나 개성에 불과하다는 것이 견고한 결정론의 주장이다.

이에 반하여 유연한 결정론은 모든 것이 인과관계의 계열 속에서 일어남을 인정하지만, 외부의 강제가 없다면 행위자의 자기 결정이 원인이 된다고 주장한다.(양립론 주장)

그러나 비결정론의 주장을 따르면 우리가 어떤 행동을 결심하는 경우 거기에는 인과관계가 작용하지 않으며, 순수한 결정이 있을 뿐, 즉 순수한 자유결정이다. 그러나 결정론자들은 통제 불가능한 성격적 또는 상황적 요소들이 작용한다고 주장한다. 따라서 自遊는 비결정론임을 부기해 둔다.(정의항 참고)

## 5) 도덕적 책임

도덕적 책임은 둘 중에서 어느 하나를 선택하는 의지의 자유를 전제한다. 그 자유가 결정론決定論과 양립할 수 있느냐 없느냐의 문제는 잠시 논외로 하고 여기에서는 실천의 문제를 다루기로 하자.

자유의지에서 행동했다는 것은 그 행동이 의도적이었음을 뜻 한다. 그래서 이 같은 자유로운 행위자만이 자기 행동에 대하여 책임을 지고 필요하면 자기 행동을 수정하기로 한다. 뿐만 아니라 여기에는 결과 예측이 당연히 있어야 한다. 그런데 인간은 동물의 본능적 행동과는 다르다. 그래서 기본적 욕망이나 충동을 극복하여 참으로 바람직한 행위를 할 수 있는 자유와 능력을 가지고 있다. 따라서 인간은 인과관계에 묶이지 않고 이를 극복할 수 있기 때문에 책임도 따른다.

따라서 인간은 도덕적 책임에 따라 동기론과 결과론으로 나누어 생각할 수 있는데 동기론은 행위의 과정 중 그 동기에 책임이 있다고 보는 것이고, 이에 반하여 결과론은 결과에 대한 도덕적 평가가 책임의 기준이 된다고 본다. 그러나 사회가 복잡다단하여 결과 예측이 더욱더 어려워지고 있다. 그러나 어떻든 행위에 대한 도덕적 책임을 따지는데 동기나 결과의 어느 일면에만 집착하는 것은 추상적이다. 행위에 대한 구체적 분석을 통하여 행위과정에 자유가 있었는지, 없었는지를 가지고 이에 따라 책임의 유무를 따져야 할 것이다.

이상에서 자유와 도덕적 책임에 대해서 간단히 살펴보았다. 이를 종합해 보면 자유는 도덕적 존재 근거, 즉 도덕적 책임의 근거가 된다. 따라서 여기에서 말한 자유는 외부의 물리적 강제가 없음을 전제한 것이다. 그러므로 자유가 있어야 책임도 있게 되고, 책임이 있으므로 자유 또한 있는 것이다. 즉 자유의 유무에 따라 책임의 유무도 결정된다. 전항에서 自由와 自遊의 책임에 대해서는 이미 언급한 바 있으므로 여기에서는 생략한다.(편의상 두 자유를 한글로 자유라고 했음)

그런데 지금도 이 책임 문제를 놓고 의지의 自由(비결정론)와 결정론 간에 치열한 논쟁이 계속되고 있다.

# 10. 결론

자본주의 대안인 사회주의(공산)도 우리 인류의 문제를 해결하지 못하고 1990년대 초 마침내 붕괴되어 이미 역사의 뒤안길로 사라졌다. 그렇다고 자본주의의 승리의 도취는 금물이다.

왜냐하면 이 또한 우리 인류의 문제를 해결 못한 이데올로기 때문이다. 따라서 신―自由주의의 대두로 인간은 하나의 상품화되고 기계(自遊 상실)로 전락했다. 부익부 빈익빈은 더욱 심화되어 바야흐로 힘의 논리인 야만이 지배하는 동물가족이 되었다.

이에 우리는 이제 이 위기를 극복하기 위해 '건강한 신체에 건강한 정신이 깃든다(스포츠 사회)'는 존록의 명언을 깊이 새기고, 본 원리의 自遊여동으로부터 일탈한 바 변종으로서 남을 부리려는 극히 편견되고 낡아빠진 사회주의(공산)는 물론 극히 이기적이며 폭력적 악을 맘대로 하는 자본주의 自由요, 부패의 自由요, 악마의 自由는 이제 모두 다 당장 폐기 처분하여 싹 쓰레기통에 깨끗이 치워버리자.

그리하여 새 역사 창조를 위해 남을 부리려는 것이 아니라 자기를 부리는, 그야말로 '비폭력을 마음대로 하는 홍익인간의 自遊요, 네가 살고 내가 사는, 군대를 해산하는 영원한 평화의 自遊요. 만유생성의 원리인 自遊여동'으로 바꿔(歸一) 우리의 소원인 남북통일은 물론, 우리 인류의 이상인 세계평화를 실현하자.

우리는 이와 같은 自遊정신으로 세계 영구평화 정착을 위한 구현 방법으로서 반드시 인도적 수단인 말(로고스 변증법)과 글 그리고 평화시위의 행동원리를 사용하여 모든 국가의 군대를 해산하고 행복한 한 가정처럼 세계연방정부(有一態一虎, 同穴而居)를 기필코 세워 세계 시민으로서 모든 인류가 누구나 다 함께 自遊로운 홍익인간 가족으로 행복하게 살아야 한다.

## 〈주요 참고 문헌〉

**호모루덴스** : J 호이징거 지음 金潤洙 옮김

**놀이와 인간** : 로제카이와 지음 이상률 옮김

**놀이이론** : 이은혜 · 지혜련 · 이숙재 편역

**놀이심리** : 수산나밀라 지음 黃順子 譯著

**레크레이션** : 朴元任 著

**자유란 무엇인가** : 모리스크랜스턴 지음 黃文秀 譯

**자유로부터의 도피** : 에릭 프롬 지음 박병진 옮김

**자유의지와 결정론** : 게리왓슨 엮음 최용철 옮김

**신자유주의와 세계민중운동** : 전태일을 따르는 민주노동연구소 편역

**사고와 행동** : 姜在倫 著

**소유냐 존재냐** : 에릭 프롬 지음 박병진 옮김

**세계 體育史槪論** : 나순성 著

**體育心理學** : 尹仁鎬 著

**아시아 舞踊의 人類學** : 宮尾慈良 著 沈雨晟 譯

**舞踊學槪論** : 金玉振 著

**身體의 現象學** : 리차드 M 자너 지음 최경호 옮

**게임 理論** : 朴淳達 著

**相談의 理論과 實際** : 大學相談學會

**사랑의 기술** : 에릭 프롬 지음 黃文秀 譯

**幸福論** : B 러셀 著 金宗鎬 · 金榮鎬 共譯

**情念論** : 알랭 著 鄭鳳九 譯

**마하트마 간디** : 로망롤랑 지음 최현 옮김

**遊心安樂道** · 元曉 著 金雲學 譯

**桓檀古記** : 金殷洙 譯註

**한단고기** : 임승국 번역 주해

**天符經精解** : 李俊雨 譯著

**檀君神話論集** : 李基白 編

**三國史記** : 金富軾 著 金鍾權 譯

**三國遺事** : 崔南善 譯

**龍澤遺事硏究** : 尹錫山 著

**崔致遠의 哲學思想** : 崔英成 지음

**韓國儒學史** : 裵宗鎬 著

**韓國民俗學槪論** : 朴桂弘 著

**韓國人과 文學思想** : 趙芝薰外 共著

**白凡逸志** : 김구 지음

**氣란 무엇인가** : 마루야마도시아끼 지음 박희준 옮김

**周易** : 南晩星 譯

**周易正義** : 李正浩 著

**易學原理講話** : 韓圭性 著

**老子** : 金敬琢 譯註

**莊子** : 內外雜篇 安東林 譯註

**孝莊思想** : 朴異汶 著

**감산의 莊子풀이** : 憨山 지음 오진탁 옮김

**論語** : 表文台 譯解

**大學中庸** : 李東歡 譯解

**神의 源流** : 趙龍範 지음

양심과 사상의 자유를 위하여 : 조국 지음

선과 악(자유의 양가적 특징) : 안네마리피퍼 지음 이재황 옮김

韓國文化와 歷史 : 李炫熙 孔龜泳 共著

東洋史大觀 : 曺佐鎬 著

西洋哲學史 : 金桂淑 著

世界文化史概說 : 高麗大學校世界文化史研究所

善의 硏究 : 西田幾多郎 著 崔鉉 譯

美學 : 白琪洙 著

휴머니즘과 良識 : 원태석 지음

참교육운동과 한국교육의 과제 : 安貴德 著

價置觀과 敎育 : 鄭範謨 著

孝經 : 朴一峰 編譯

禮記 : 李民樹 譯解

現代思想講座 : 金亨錫(第十卷責任編輯)

茶山學報(第九輯) : 茶山學硏究院

發達心理學 : 羅炳述 著

一般論理學 : 朴鍾鴻 著

辨證法的論理 : 朴鍾鴻 著

哲學 : 朴俊澤 著

哲學槪論 : 韓荃淑 · 孫東鉉 · 李政浩 共著

心理學事典 : 洪麟源 編著

心理學小辭典 : 民衆書館編輯局編

敎育學小辭典 : 民衆書館編輯局編

美學 · 藝術學事典 : 竹內敏雄 편수 안영길 외 옮김

**哲學小事典**：民衆書館編輯局編

**哲學事典**：林錫珍 감수

**現代思想事典**：韓國國民倫理學會編

**經濟學辭典**：經齊通信社

**이두사전**：장지영 · 장세경 지음

**영원한 평화를 위하여**：칸트 지음 이한구 옮김

**통일 어떻게 할 것인가**：동아일보사

**歷史哲學**：申南澈 著

**世界의 宗敎**：徐京保 著

**基督敎의 思湖**：高永春 著

**國家論愛論**：플라톤 著 社會科學編譯

**自由論**：J.S. 밀 著 李相球 譯

# 自遊와 영구평화

초판 인쇄 2018년 12월 10일
초판 발행 2018년 12월 15일

성덕경 지음
홍철부 발행

펴낸곳 문지사
등록 제25100-2002-000038호
주소 서울특별시 은평구 갈현로 312
전화 02)386-8451/2
팩스 02)386-8453

ISBN 978-89-8308-537-5 03300

값 13,500원